희망의 복지

희망의 복지

김성철 지음

"사람은 행복하기로 마음먹은 만큼 행복하다."

– 에이브라함 링컨 –

한국학술정보㈜

추천의 글

　리더십의 3대 기본 요소는 지도자, 추종자, 상황이다. 기독교적 리더십도 이 세 가지 요소를 다 가지고 있다. 그러나 기독교적 리더십은 그 목적부터가 세속적인 기업이나 정치 단체의 리더십과 구별된다. 기독교의 리더십은 그 기초가 성경에서 비롯되어야 하며 인간사회를 넘어서서 예수 그리스도에 의해 평가받아야 한다.

　미국 훌러 신학교의 지도자학 교수인 R. Klinton 박사가 기독교적 의미로 정의한 리더십이론에 의하면 지도자란 첫째, 하나님의 능력을 받아 둘째, 영향을 끼치라는 하나님의 사명을 가지고 셋째, 일단의 하나님 백성의 그룹을 넷째, 하나님의 뜻대로 나아가게 하는 사람이라고 정의하였는데 기독교적 지도자는 무엇보다도 하나님 중심적이며 그 중심적 윤리가 하나님의 목적을 이루도록 영향을 미치게 하는데 있다. 하나님의 사람으로서 하나님의 뜻과 주권에 자발적으로 순복하는 자이다. 지도자 자신이나 그가 인도하는 그룹의 유익보다 그 그룹, 혹은 공동체에 향하신 하나님의 목적을 이루도록 지도하는 것이 기독교적 리더의 사명이다.

　기독교적 리더는 "하나님이 주신 능력"으로 일하며, 하나님이 주신 책임"을 이루는 일이다. 기독교적 리더십은 일단의 그룹에 대해 지속적인 영향을 미치는 행위이다. 그 그룹은 대개 "하나님의 백성"인데 지도자가 책임져야 하며 무엇보다도 그 그룹을 향한 하나님의 목적을 분별해야 할 책임이 있다. 기독교적 리더십의 궁극적 목적은 하나님의 뜻을 이루는데 있다.

기독교적 리더는 세상을 이끌어가야 할 존재이다. 그러므로 세상에 대해서 리더십을 발휘해야 하는 이유는 이웃사랑의 방법으로서 리더십이 요구된다고 보는 것이다. 리더십은 집단적 기능의 하나로 집단 구성원으로 하여금 집단의 목표를 달성하도록 하는 것이란 정의를 적용해 보면 기독교인은 어떤 것이 바른 것이고 세상이 나아갈 바가 무엇인지 목표를 먼저 분명히 알고 있는 사람들이라고 볼 때 세상으로 하여금 그 목표를 향해서 나가도록 리더십을 발휘해야 된다고 본다. 진정한 리더는 옳은 길을 제시해 주어서 같이 가게 만들 수 있는 자가 아닌가 생각한다면 성경의 예레미야와 요나를 본다면 좁게 교회 안에서만 리더십을 생각하면 안 된다.

리더십 이론에 있어서 베버(Weber)는 리더십을 리더가 권한을 어떻게 획득하고 실행하느냐에 있다고 보고 세 가지로 분류했다.

첫째, 전통적 권한(traditional authority)의 리더인데 전통적인 윤리나 사회관습, 신분을 기초로 하는 권위를 행사하는 리더를 말한다. 원시사회나 근대화가 철저하지 못한 사회에서 나타나는 리더의 유형의 가부장적 색채가 짙다.

둘째는, 카리스마적 권한(charismatic authority)의 리더인데 예언자나 영웅 등 어떤 개인의 탁월한 통솔력이나 인기에 토대를 둔 권위로서 전쟁 영웅이나 종교적 예언자가 그 예이다. 이들은 보통 초인간으로 떠받들어진다.

셋째, 합리적 또는 합법적 권한(rational or legal authority)의 리더로서 집단의 성원들이 정당하다고 인정하는 규칙 또는 법률에 토대를 둔 권위로서 선거를 통해 선출된 현대국가의 대통령, 국회의원 및 법률에 따라 임명된 가급 관료들이 이에 해당한다.

설젠트(Sergent)는 리더의 유형은 리더와 추종자와의 관계성을 기준으로 특징지어지는 것이라고 하여 역사적인 인물은 중심으로 리더십을 카리스마적 리더(charismatic leader), 상징적 리더(symbolic leader), 예우자(head man), 전문가(expert), 행정적 또는 집행적 리더(administrator), 선동가 혹은 개혁가(agitator or reformer), 강압적 리더(coercive leader)

리더십은 리더가 주어진 환경 속에서 조직구성원들을 통하여 조직의 목표나 목적을 달성하려는 목표지향적 행동이기 때문에, 리더십의 결과는 리더와 조직구성원 상호간의 영향과정에 달렸다. 이 영향과정에 따라서 조직구성원의 행동은 물론 의도한 성과의 달성 여하가 결정되고, 나아가서는 이로 인한 만족감도 결정된다. 그러므로 영향과정의 형태와 이에 작용하는 요소들은 리더십의 결과와 밀접한 관계를 갖고 있다. 그러나 여러 가지 유형의 리더십 중에서 가장 중요한 리더십은 무엇보다도 섬김과 나눔의 복지적 리더십이 중요하다고 생각한다. 이 복지적 리더십이 바로 봉사 리더십이라고 본다.

봉사리더십은 전통적 리더십스타일의 대안으로 직원들의 개인적 성장을 신장시키는 동시에 조직의 질적인 개선을 시도한 새로운 리더십 이론이다.

봉사리더십에서는 팀워크, 지역공동체, 의사결정에의 참여, 윤리적 행태 등을 강조한다. L. Spears는 이러한 봉사리더십을 인간개발의 새로운 시대에 알맞은 진정한 희망과 방향을 제시하는 것으로 주장하고 있다. 이 리더십은 1970년 R. K. Greenleaf가 「리더로서의 봉사자」(Servant-Leadership)라는 책에서 만들어 낸 개념이다.

Greenleaf는 봉사리더는 무엇보다도 먼저 다른 사람에게 봉사하는 사람을 규정짓고 있다. 리더로서의 봉사자 또는 하인은 먼저 봉사하고자 하는 자연스러운 감정을 가지게 되면 리더가 하고자 하는 운명을 의식적으로 선택하게 된다는 것이다.

봉사리더의 특성은 경청, 감정이입, 영적인 치유, 자각, 설득, 개념화, 통찰력, 봉사정신, 성장의 몰입, 공동체 확립 등 10가지로 주장한다. 이것은 특징 자체가 손쉽게 얻어지는 특징이나 자질이 아니라 리더가 되고자 하는 사람들의 절대적인 노력이 필요하기 때문이다.

그런 의미에서 "희망의 복지"의 출판은 매우 의미 있는 책이라고 볼 수 있다. 아무쪼록 본서가 나눔과 섬김의 사역에 큰 모퉁이 돌이 되길 바란다.

2007년 9월
성산효대학원대학교
총장 최 성 규

격려의 글

2007년 「희망의 복지」 출판의 소중한 결실을 맺게 됨을 진심으로 축하합니다.

본서는 오랜 현장의 생생한 경험과 실천기술을 바탕으로 사회복지 현주소와 우리가 추구해야할 목표와 가치를 지향하고 있습니다.

우리가 지향하는 가장 행복한 삶은 어떤 모습일까요?

몇 해 전 미국 하버드 의대에서 매우 흥미로운 실험 결과가 발표되었습니다. 의대생들을 봉사 활동에 참여시킨 후 체내 면역기능을 측정했더니 크게 증강되었다고 합니다.

또 '마더 테레사'의 전기를 읽게 한 다음 인체 변화를 조사했더니 그것만으로도 생명 능력이 크게 향상되는 것으로 나타났다고 합니다. 연구진은 이렇게 봉사 활동을 하거나 봉사 모습을 보기만 해도 면역 기능이 높아지는 것을 두고 '테레사 효과'라고 이름 붙였다고 합니다. 평생 헐벗고 굶주린 이웃을 돌보다 87세의 나이로 타계한 테레사 수녀가 남기고 간 소중한 가르침이 아닐까 생각해봅니다. 봉사는 남을 위한 일이지만 봉사를 통해 얻는 기쁨은 결국 나를 위한 것입니다.

우리 모두는 편안한 삶을 영위하기를 소망합니다. 이것이 우리의 이상이요, 목적입니다.

현대사회는 빈곤, 실업, 교통, 환경, 보건위생, 이혼, 가족해체, 저출산, 고령화 등 다양한 문제와 욕구, 위험들이 우리를 위협하고 있습니다.

이러한 제반문제를 국가의 정책과 행정에만 의존할 수 없습니다. 아무리 촘촘한 사회안전망이 구축된다하여도 사각지대는 있기 마련입니다. 우리 국민, 시민의 참여를 통해서 우리 주위에 많은 아픔을 치유해야 합니다. 이렇게 할 때만이 우리가 추구하는 살맛나는 사회, 더불어 함께하는 희망의 공동체를 만들어 나갈 수 있는 것입니다. 실천 없이는 이룰 수 있는 것이 아무것도 없습니다.

사회복지 현장에서는 시민에게 참여하는 방법을 적극적으로 홍보하고 방향을 제시해야 합니다. 우리 주위에는 이웃사랑 실천의 뜻은 가지고 있으나 참여하는 방법을 모르는 이웃이 많습니다. 소중한 자원이 사장되지 않고 사회의 빛이 될 수 있도록 하는 것, 사회복지인의 막중한 책무입니다.

이러한 측면에서 본서의 출간은 큰 의미가 있다고 생각합니다.

현장의 오랜 경험을 바탕으로 습득된 지식과 기술을 토대로 우리가 추구해야할 공공의 선에 대한 비전과 대안을 제시하고 있습니다.

본서를 통해 우리에게 진정 가치 있는 삶은 실천하는 삶이요, 행동하는 삶이라는 본보기가 되어 준 김성철 관장께 감사와 축하를 드립니다.

丁亥年 새해, 우리 모두의 희망과 꿈이 이루어지는 한 해가 되기를 기원합니다.

인천광역시사회복지협의회

회장 유 필 우

여는 글

사람에게는 두 부류의 사람이 있다고 보는데 만나면 편하고 행복하고, 기쁜 사람이 있는데 그런 사람은 산소 같은 사람이라고 본다. 반면에 만나면 부담되고 힘들고 짜증나고 불평을 듣게 되는 사람이 있는데 이는 이산화탄소 같은 사람이다. 산소를 만들어 내는 것은 순수하고 소중하고 영원한 사랑이신 하나님의 사랑이다.

흔히들 말하듯 사랑은 아름답고 달콤하고 또는 어느 노래 가사처럼 눈물의 씨앗이라고 하기도 하며, 사전적 의미로는 좋아하는 어떤 대상에 대해 소중히 아끼고 정성을 다하며 관심을 갖고 베푸는 일이라고 한다.

사랑에 대해 많은 학자들이 정의한 것들을 살펴보면, 철학자 플라토(Plato)는 누구를 사랑한다 함은 그 사람 속에 있는 미(美)와 선(善)의 진수를 알아보는 것, 카펠라누스(Andreas Capellanus)는 사랑이란 이성(異性)의 미(美)를 보거나 너무 생각한 나머지 생겨나는 일종의 타고난 고통, 에리히프롬(Erich Fromm)은 사랑이란 상대방의 생활과 성장에 대한 적극적인 관심입니다. 사랑은 상대방으로부터 표현되거나 표현되지 않은 욕구에 대한 자발적 반응이다.

프롬은 "인간이란 근본적으로 고독한 존재이며, 그 고독감과 공허감을 극복하기 위하여 사람은 사랑을 하는 것"이라고 주장하고 있다.

사랑의 크기는 이 세 요소의 상대적 크고 작음에 따라 우정 같은 사랑, 정열적인 사랑, 숭늉처럼 미지근하지만 그런대로 일생을 함께 늙어가며 이루어가는 사랑 등이 생겨난다는 것이다. 그러나 사랑은 사람마다 처한 환경이나 대상에 따라 그 의미와 방법이 모두 다르기 때문에 자기가 사랑이라고 생각하는 것이 곧 사랑인 것이 아닐까 한다.

인생에서 산소 같은 사랑을 보면, 첫째 누구를 사랑하는 것이며, 둘째 당신을 사랑해 주는 누군가가 있다는 것이고, 셋째 이 두 가지가 동시에 이루어지는 것이다.

우리 그리스도인들이 이와 같이 하나님과 이와 같은 사랑을 한다면 그는 진정 산소와 같은 그리스도인이 될 것이라고 본다.

우리는 자기가 과거에 사랑 받았던 방식대로 다른 사람을 사랑하기 마련이다. 그런데 각자가 사랑 받은 방식이 때로는 다소 다르기 때문에, 상대방이 사랑이라고 느끼는 행동이 무엇인지를 미처 알지 못하는 때가 많다.

그렇기 때문에 상대방과 같은 행동양식을 가지고 있지 않더라도 상대방이 선호하는 사랑의 양식을 이해하는 것, 나는 사랑을 전혀 다르게 표현하더라도 상대방이 나타내는 사랑의 행위를 인정하고 수용하는 것,

우리의 삶 속에서 얼마나 사랑을 위해 기도하고 준비하고 실천하는지 자문해 보아야 할 것이다. 사랑은 우리 삶이 중요한 원동력이다. 그래서 그 귀한 사랑이 오염되지 않도록 우리는 끊임없이 노력해야 할 것입니다. 그리기 위해서 사랑인 애정(affection)을 그리스도의 사랑을 중심으로 비추어 볼 때 다음의 일곱 가지로 사랑의 실천을 이루어야 할 것이다.

첫째는 사랑은 "care"(돌봄)이다. 누군가를 돌본다거나 누군가로부터 보호를 받는 것은 인간관계에 있어 없어서는 안 될 아주 자연스럽고 인간다운 일이다. 주님이 우리에게 맡겨주신 이웃과 소외된 계층을 주님이 사랑한 것과 끊임없이 돌봄의 실천을 해야 한다.

둘째는 사랑은 "giving"(나눔과 섬김) 이다. 과거에 주었다거나 미래에 줄 것이 아닌 현재 계속하여 주고 있어야 진정한 사랑이다.

셋째는 사랑은 "knowledge"(지식)입니다. 돌보고 끊임없이 주는 일이 중요하나 이보다 어쩌면 그 대상(client)을 아는 일이 우선 되어야 한다.

넷째, 사랑은 "making"(만드는 것) 입니다. 끊임없이 함께 만들어 가는 것이 사랑이다. 자신과의 싸움을 통해 더 높고, 더 넓고, 더 깊은 차원의 사랑을 계속해서 만들어 가는 자가 사랑을 유지할 수 있고, 만드는 것은 계속 이루어져야 할 것이다. 사랑은 창조적 소수로서 새벽을 만드는 사람으로서 우리의 존재의 가치를 소중하게 보며 내안에 있는 소중한 정체성을 가지고 나아가야 할 것이다.

다섯째, 사랑은 "respect"(존경)이다. 겉과 속이 같은 것이 진정한 사랑이라 한다면, 필요도에 따라 변하지 않는 존경심을 품는 자세가 있어야 한다.

여섯째, 사랑은 "responsibility"(책임감) 이다. 진정한 사랑은 진정으로 책임질 수 있어야 한다. 더구나 오늘 지금 책임을 지어야 한다. 우리에게는 과거가 없고 내일이 없으며 오늘만큼만 살아갈 뿐이다.

일곱 번째, 사랑은 "understanding"이다. 한 번 이해하고 마는 것이 아니라 이해는 계속적인 연결선상에 있어야한다. 더구나 내 입장에서가 아니라 클라이언트의 위치에서 이해되어야 한다.

가장 강한 힘은 섬기는 모습 속에 나오며 섬김을 통해 영원한 이김이 있다. 루터는 서로 사랑하고 섬기는 사람만이 자기의 주체성을 확립한 사람이라고 한다.

이러한 나눔과 섬김으로서 복지의 영역을 새로운 비전과 사랑으로 나아가야 할 것이다.

본서는 복지를 '희망의 복지'로 보면서 그간 신문사에 기고하였던 칼럼들을 모아서 '희망의 복지'라는 이름으로 출판하며, 본서를 위하여 수고하여 주신 여러분들에게 감사의 마음을 전합니다.

2007년 9월
인천 성산동산에서
김 성 철

목 차

1

이타주의적 사회복지

　사회정책학자인 R. M. Titmuss는 경제에서 인간 부분의 활동과 이기주의를 연관지어 자본주의 사회변동의 산물로 나타나는 빈곤, 무주택, 저소득, 저교육, 무능력, 노령, 과부 등 사회적 희생자들이 낙인찍히는 과정을 예리하게 비판하고, 대규모 산업사회에서의 기능적 필요에 의한 사회정책은 수정되어야 하며 사회정책은 이타적이고 자발성을 기초로 하여 제도화되어야 한다고 주장한다. 또한 Titmuss는 인간의 복지는 윤리적 개념이며 경제적 복지란 있을 수 없다고 단언한다.

　Titmuss가 강조한 절대적 책임이란 행위자에게 엄격한 의무감을 부과할 수 없으며, 비록 그 행위과정에 실수가 있다 할지라도 도덕적 비난을 받지 않는다는 것이다. 절대적 책임은 의무가 아니므로, 따라서 요구자 역시 그 요구가 권리가 될 수는 없으며 단지 사회성원의 도덕적 책임의식에 호소할 수 있을 뿐이다. 그러나 절대적 책임은 법적이고 계약적인 것에 기반을 두지 않으므로 구체적인 현실성이 희박하다.

　Titmuss는 더 이상 자유방임주의 정책으로는 영국의 사회문제를 해결할 수 없다고 판단하고 사회정책의 기능을 사회통합과 도덕적 이타주의를 개발하는 것으로 인식했으며 이것이 사회문제를 해결할 수 있다고 판단하게 된 것 같다.

Titmuss는 또한 사회통합, 공동체 의식 및 이타주의 의식을 유지시키는 것으로서 사회정책의 기능을 강조하였다. 그는 이러한 의식이 복지에 있어서 결정적인 것이라고 간주한다. 국민보건사업은 이타주의와 상호이익의 감정과 사회적 의무를 자극, 고무하고 용이하게 만들었다. 그리고 사회가 보건과 복지제도와 같은 사회제도를 조직화, 구조화시킴으로써 인간의 이타성을 고무시키거나 위축시킬 수 있으며 그러한 제도는 통합이나 소외를 촉진시킬 수도 있다고 Titmuss는 주장한다.

Titmusss는 복지국가의 임무가 사회조화를 증진시키는 데 있는 것이지 계급갈등을 조정하는 데 있는 것이 아니라고 보았다.

Titmuss는 세계에서 가장 빠른 속도로 경제를 성장시키고 부를 축적하였으며, 따라서 생활수준을 향상시켰지만 혈액을 상업화시켰던 미국과, 국민보건 서비스의 통합부분으로 증여자에게 대가를 지불하지 않는 영국의 헌혈제도를 비교한 결과 민간시장의 이윤추구나 경쟁을 통하여 혈액 보호와 서비스 수준을 향상시킬 수 있다는 미국의 주장에는 문제가 있음을 밝혔다.

즉 소유적 이기주의에 기초하고 있는 시장경제에서는 상품으로 취급되는 혈액의 가치는 화폐로 환산할 수 있는 만큼만 인정받을 수 있으며, 혈액의 소비 및 질적, 외적 비용에 관해 확인할 수 있는 기회도 적을 뿐 아니라 혈액의 관리가 관료주의 영향 아래에 있기 때문에 헌혈을 통하여 이타주의를 구현할 기회도 희박하다는 것이다.

경제성장이 점차 사회성장을 수반할 가정은 Titmuss의 비교 연구에 의하여 반박되었고 자발적인 헌혈제도인 영국의 체제는 혼합되고 상업화한 개인주의 체제인 미국보다 경제적으로, 행정적으로, 전문적으로 그리고 질적으로 더욱 바람직하다고 보았다.

Titmuss는 더 이상 자유방임주의 정책으로는 영국의 사회문제를 해결할 수 없다고 판단하고 사회정책의 기능을 사회통합과 도덕적 이타주의를 개발하는 것으로 인식했으며 이것이 사회문제를 해결할 수 있다고 판단하게 된 것 같다.

Titmuss가 주장하는 이타주의는 제도화된 형태로서의 사회정책이 인간으로 하여금 노력적 선택을 할 수 있도록 해 주어야 하며 그들이 원한다면 이타적으로 행동할 수 있도록 선택의 자유를 제한하는 시장의 강제력을 축소, 제거, 통제해야만 한다고 주장한다. 이것은 전체로서의 사회를 위한 도덕적이고 정치적인 결정으로서, 이타주의 사회정책은 사회성원이 성도 이름도 모르는 개인에게 '줄 수 있는 자유'를 제공해야만 하며, 그것은 시장의 강제력에 의해 강제되거나 강압을 받아서는 안 된다고 한다. Titmuss의 훌륭한 사회(good society)에 대한 비전은 확실히 복지국가를 넘어서는 것 같다.

2

영성 중심의 교회 사회사업

교회 사회사업은 기독교와 교회라는 범주에서 사회복지, 사회사업, 사회봉사, 사회선교, 사회목회 등의 범주로 배합하여 사용하고 있다고 분류한다.

기독교 사회복지는 기독교적 세계관 정신을 가진 사람 또는 기관이 기독교의 다양한 생명자원들을 동원하여 취약계층을 돕고, 사회문제를 해결하며, 인간의 삶의 질을 향상시키기 위해 실천하는 일체의 활동을 말하는 한편 교회 사회사업은 교회의 원조하에 진행되는 기술적이고 전문적인 실천이라고 설명할 수 있다.

교회는 분명히 사회적 기관이지만 다른 사회적 기관과 본질적으로 다른 정체성은 그것이 영적인 기관이라는 특성을 갖는 것이다. 이러한 정체성은 사회사업적 과제를 실천하는 데 중요한 요인이 되며 교회 사회사업에 있어서 영성 중심의 교회 사회복지의 실천과 전개가 필요하다고 본다.

사회복지를 향한 영성적 접근은 사회복지서비스와 실천을 위한 것만이 아니라 한국교회의 왜곡된 영성운동을 변화시키는 데에 기여할 수 있는 것이다. 한국교회의 왜곡된 영성은 시대별로 그 성격상 차이를 보이고 있는데, 60년대는 축사와 밀접한 관계를 가진 '능력' 혹은 '권위'로 접근되고 이해된다. 지도자들의 무속적 신앙의 영적, 도덕적 수준을 넘지 못했다는 평가를 받고 있다. 70년대 후반부터는 이러한 무속적 영성을 극복하기 위하여 성경공부의 열풍이 있었으나 이 역시 실천성과 도덕성의 부재로 이전의 기복신앙과 결합하여 나르시시즘, 즉 자기도취적 신앙이라는 평가를 받고 있다. 90년대에 있어서 한국교회의 영성은 찬양과 경배를 비롯한 연례적 공연문화 양식을 통하여 나타났으나 이 역시 실천성과 도덕성을 배양하는 데 역부족인 것으로 보인다.

이러한 부정적인 영성, 즉 왜곡된 영성의 회복을 위해서는 개인적인 묵상을 통한 하나님과의 깊은 관계, 이 관계를 위한 공동체의 형성, 공동체의 예배와 의식, 그리고 섬김과 봉사를 통한 에너지와 참된 능력을 사회복지를 수용하는 진정한 영성을 진작시켜야 할 필요가 있다.

사회의 다양한 문제는 사회심리적인 문제, 사회제도적 및 구조적인 문제, 사회문화적인 문제 등의 개념으로 받아들여지는 것이 일반적이다. 이러한 문제는 다분히 심리적이고 정책적이며 문화적 접근들이 주종을 이루게 된다. 이러한 문제를 비이성적인 영성의 문제로, 해결방안으로 생각하는 것에 대하여 무시될 수 없을 것이다.

사회의 어려운 문제가 발생할 때마다 이 사회의 영적 또는 종교적인 지도자들의 역할이 중요해지는 이유는 이 사회문제에 대한 영적 통찰력과 영적 조정이 절실하게 중요해지기 때문이다.

사회복지활동과 영성의 관계에 관한 가장 좋은 성경적 설명은 "하나님 아버지 앞에서 정결하고 더러움이 없는 경건은 곧 고아와 과부를 그 환난 중에 돌아보고 또 자기를 지켜 세속에 물들지 아니하는 이것이니라"(약 1:23)는 말이다. 이 간단한 성구에서 대신관계, 즉 영성과 대클라이언트관계 그리고 사회복지사로서의 대자아관계가 설정되어 있다.

성경에서 말하는 진정한 영성은 클라이언트의 문제를 돌보고, 동시에 자신을 세속적 현상으로부터 보호하는 것이다. 이러한 맥락에서 최고의 영성을 보여주신 분은 예수님이다. 예수 그리스도는 깊은 영성의 삶을 살아가시면서 짧은 공생애 가운데에서 그분은 약한 자와 병든 자들에게 가장 많은 시간을 할애하셨다. 소외당한 사람들에게 다가가기를 꺼리지 않으셨고, 오히려 하나님의 나라가 그들의 것이라고 공공연히 말씀하셨다. 이 외에도 성경의 많은 인물들은 뿌리 깊은 영성의 삶을 통하여 사회복지적 행동을 나타내고 있다.

전문적 교회 사회사업 실천을 위한 영성적 실천의 방법들로는 미시적 접근으로 클라이언트의 영성에 대한 임상적 상황에서 클라이언트에 대한 개별적이고 직접적인 서비스가 제공되는 과정에 실천되는 영적인 관여를 말하는 것이다. 실천사항으로 (1) 클라이언트와 연대하기 (2) 통합적으로 사정하기 (3) 능동적 경청 (4) 개방형 질문을 통한 사정 (5) 간단한 도구들을 활용한 사정방법 (6) 임상적 과정에서 기도의 활동 (7) 로고 테라피 등이 있다.

거시적 접근으로 기독교의 봉사적 영성의 강화로서 이 접근을 위해서는 먼저 신학자들은 (1) 봉사신학 정립 및 교육(설교, 성경공부, 기도회, 영성집회), 실천 (2) 실천적 영성의 모델 제시 (3) 이타적 목적을 위한 기도와 영성운동 (4) 봉사를 주제로 하는 목회적 활동에 대한 방법론 제시 (5) 기독교 교육에서 봉사를 위한 커리큘럼 도입 (6) 영성 관련 문서 및 문화활동 (7) 사회복지사의 영성적 활동을 위한 제도적 장치 마련 등을 수행해야 할 것이다.

교회 사회사업은 현재와 미래에 있어서 지역사회와 교회를 연결하는 교량적인 역할에서 더 나아가 그리스도를 전할 수 있는 좋은 계기가 마련될 것이다.

앞으로 기독교적 영성과 사회복지가 절묘하게 어우러진다면 교회의 자원을 통한 효과적인 교회 사회사업이 발전할 것이라고 말하고 있다.

3

의미 보존을 위한 교회의 변혁

사회 속에서 교회가 존재하며 사회적 주체가 되려면 교회는 변화해야 하고 그 변화로 끊임없는 개혁을 한다면 교회는 보다 더 아름다운 사역을 이루어 나갈 수 있으리라 본다. Moberg는 교회의 사회적 기능을 몇 가지로 제시하고 있다.

첫째, 교회는 사회의 한 부분으로서 사회가 혼란할 때 하나님의 뜻에 합당하고 바람직한 형태로 변화시키는 역할을 수행할 수 있다.

둘째, 하나님의 사랑을 나누고 성도 상호간에 섬김의 행위를 실천함으로써 불평등한 인간관계를 해소할 수 있는 역할을 담당할 수 있을 것이다.

셋째, 성경적으로 바른 행동을 하도록 가르침으로서 사회규범도 자유의지에 따라 지키게 될 때, 교회는 사회의 질서를 유지하는 역할을 담당할 수 있을 것이다.

넷째, 굶주리고 소외된 이웃을 보살피는 것이 하나님의 뜻에 합당한 삶으로 강조될 때, 교회는 사회소외계층에 대한 사회적 무관심을 회복시킬 수 있다.

앞으로의 사회는 사회취약계층은 물론 일반 국민의 복지에 대한 욕구까지 다양하게 증가하면서 국가가 관리하는 사회보장제도가 확보되고 사회복지 전달체계도 확립되어 사회복지활동이 매우 활발해질 것을 기대하고 있다.

그러나 급속한 사회변화 속에서 다양하게 나타나는 국민들의 삶의 질 향상에 대한 복지욕구는 공공복지에만 전적으로 의지할 수 없는 한계를 가진다.

다시 말하면 공공복지의 자원이 한정되어 있는 반면, 복지에 대한 수요는 언제나 공급을 초과하고 있기 때문에 부족한 사회복지자원을 확보하기 위해서도 민간복지자원의 필요성이 강조되고 있는 것이다.

그에 따라 기업, 재단, 교회, 개인 등 사회복지를 위한 다양한 외부자원을 찾아 나서고 있으며, 다양한 민간복지의 주체들이 사회복지 실천 분야에 합류하게 되고, 각각의 특성에 따라 서로 다른 역할을 담당하면서 효율적인 복지서비스를 제공하도록 하고 있다.

이러한 과정에서 한국교회는 복지국가의 실현을 위해서 국가가 충분히 제공하지 못하는 복지서비스를 제공하는 역할을 담당하면서 사회복지의 발전을 위한 주체로 다시 대두되게 되었다. 교회의 사회적 기능에는 여러 가지가 있겠지만 그중 사회참여를 통한 사회복지활동이 최근 들어 강조되고 있다.

교회자원은 다양성과 선별성을 가지고 있고 사회적 요구에 대하여 민감히 대처할 수 있는 특성이 있다. 교회는 정부정책에는 포함되어 있지 않는 지역주민의 복지욕구에 따라 창의적으로 기획하고 대처할 수 있으므로 교회는 국가의 보호제도가 미치지 못하는 부분을 보완하는 역할을 담당할 수 있게 된다.

교회가 국가의 사회복지 지원의 한계성을 극복하고, 민간복지기관으로서 지역주민을 위한 복지서비스를 확대하기 위해서는 복지서비스 전달체계 또는 보완적 수단인 교회의 자원을 활용할 수밖에 없다.

따라서 교회는 지역사회 내의 문제를 서로 협력하여 자발적으로 해결하고자 하는 민간복지활동의 주체로 대두되게 될 것이다.

복지사회란 더불어 잘사는 사회를 의미하기 때문에 지역주민의 관심과 참여 없이는 지역사회복지의 목적을 달성할 수 없다.

따라서 교회가 지역사회 내에서 사회복지의 기능을 활성화하기 위해서는 교회가 근본적으로 가지고 있는 사회복지의 기능을 감화시킬 필요가 있다.

지역사회에서 발생하는 다양한 문제에 대해 알리고, 해결을 위한 프로그램을 소개하는 등의 기술적인 방법을 통하여 성도들이 자발적으로 참여할 수 있도록 관심을 모으는 것이 매우 중요하다고 본다.

교회는 지역 내 사회기관으로서 사회의 복지욕구에 대한 응답과 교회의 본질적인 사회적 기능 및 역할 수행을 위해 핵심적인 역할을 감당하게 될 것이다. 따라서 교회는 지역주민의 욕구를 감안하여 사회 전체적인 기획을 할 수 있는 민간복지단체로 발전하는 노력을 해야 한다. 즉, 교회는 장기적인 비전을 가지고, 이를 뒷받침할 자원을 동원하고, 활동을 위한 전문성을 유지해야 한다.

지역주민이 교회를 지역 내 사회기관으로서 받아들이고, 단순한 종교기관이 아니라 교회를 중심으로 지역사회복지가 활성화될 수 있음을 인식하게 되면서, 교회의 지역사회 내의 역할을 새롭게 할 수 있을 것이다.

교회가 지역사회의 문제에 관심을 가지고 다른 지역사회 구성원과 연대하면서 지역사회문제 해결에 참여하겠다는 의지를 통해 지역사회 전체는 서로 상호 협력하는 관계 속에서 사회공동체 의식은 높아지며, 공동의 복지는 가능할 것이다. 교회의 본래적인 의미인 사명을 완수하기 위해서는 지역의 욕구와 시대적인 상황에 적합하게 개혁과 형식을 변혁하여 나아갈 때 아름다운 결실을 기대할 수 있으리라 본다.

4

기독교 자원봉사사업과 복지운동

교회는 자원봉사를 실천함에 있어서 무엇보다 교회의 사명 가운데 하나가 봉사임을 인식하고, 당위론에 입각하여 본연의 사명을 실천한다는 자세로 자원봉사에 임해야 한다. 성서는 자원봉사자의 자세와 자원봉사활동, 자원봉사자에 대한 하나님의 축복에 대해 가르치고 있다. 기독교 자원봉사는 기독교 사회복지의 구체적 실천방법으로 기독교 사회복지의 근본적인 실천방법에 따라 실행되어야 한다.

첫째, 거룩하게 봉사해야 한다. 거룩은 예배적인 요소와 도덕적인 요소가 있다. 거룩은 여호와 백성의 본질적인 특질이다. 참된 의미의 거룩함이란 자신을 자신의 소유가 아닌 하나님의 소유물로 만드는 것이다.

둘째, 섬김의 자세로 봉사해야 한다. 봉사는 섬긴다는 의미이다. 남을 섬기기 위해서는 스스로를 낮추어야 한다. 예수께서는 이 세상의 천하고 멸시받고 궁핍한 천민계급의 사람들까지도 섬기기 위해, 이들을 위로하고, 도와주고, 치유해 주고, 희망을 주기 위해 스스로 가장 낮은 자로 임하셨다.

셋째, 영생을 얻는 길이라 인식하고 봉사해야 한다. 성경은 기독교 자원봉사는 이웃사랑을 실천하는 것으로 영생을 얻게 하는 필수적인 조건임을 천명하고 있다.

넷째, 자비롭게 봉사해야 한다. 자(慈)는 사랑하는 마음을 가지고 사람들에게 즐거움을 주는 것이고 비(悲)는 연민의 정을 가지고 사람들의 고통을 없애 주는 것이다. 자비는 타인의 고통을 자신의 고통으로 여긴다. 자비로운 봉사를 통해서 주는 자와 받는 자가 모두 마찬가지의 충만함을 느끼게 된다.

다섯째, 하나님의 영광을 위해 봉사해야 한다. 봉사자는 자신의 이름을 빛내려 하거나 자신의 영광만 구하려는 공명심으로 봉사하는 것이 아니라 그리스도의 명령에 대한 순종으로, 그리스도의 정의가 이 땅에 실현되도록 하나님의 영광을 구하기 위해 봉사해야 한다. 오른손이 하는 것을 왼손이 모르게 은밀한 가운데 봉사하고 구제에 임해야 한다.

여섯째, 받은 은사대로 충실하고 겸손하게 봉사해야 한다. 하나님께서는 믿는 사람들에게 서로 다른 직분을 주시고, 서로가 자기에게 맡겨진 직분에 충실하고 협력하여 하나님의 뜻을 서로 하나가 되어 이루길 원하신다.

교회는 자원봉사의 황금어장이라고 생각한다. 현재 교회 자원봉사의 대부분은 사회복지시설이나 병원과 같은 기관에서 이루어지고 있다. 시설입소자들을 위해 직접적으로 봉사할 수 있고, 시설의 프로그램을 보조해 주는 봉사활동을 해 줄 수 있으며, 시설의 유지, 발전을 위해 봉사활동을 할 수 있다.

자원봉사 연계사업으로 최근에 관심을 끄는 사례가 LET이다. LET(Local Exchange Trading System)란 일종의 지역거래교환제도이다. 이는 국가가 발행하는 화폐 대신 지역 내에서 회원 간에만 사용할 수 있는 교환의 매개수단을 만들어, 화폐 없이도 재화와 서비스를 서로 주고받음으로써 현금이 없이도 지역공동체 내에서 회원 간의 상호봉사를 통하여 기본적인 욕구를 충족시킬 수 있도록 하는 제도이다.

자원봉사운동은 성서상에 나오는 이웃사랑을 실천하기 위한 기초가 된다. 자원봉사가 일부 특수계층이나 학생들만이 행하는 것이 아니라 하나의 문화로서 자연스러운 시민활동으로서 이루어질 수 있도록 교회는 자원봉사 실천운동을 선도할 수 있다. 한 교회가 중심이 된 사랑의 현장 갖기 운동은 모든 인간이 그들의 삶을 영위해 나가는 곳에서 발생하는 삶의 여러 문제들의 해결을 위해 교회가 고통받는 그들의 삶의 현장 속에 동참하여 그들의 짐을 함께 나누어지는 복음의 실천에 그 목표를 두고 있다.

이제 자원봉사는 한국교회의 복지운동으로서 교회가 사회복지의 어머니의 역할로서 사회적 책임을 가지고 나아가야 할 것이다. 그렇게 할 때 한국교회는 이 사회의 주체로서 아름다운 열매를 맺으리라 본다.

5

열매를 남기는 지도자

성경은 하나님이 행하신 위대한 사역의 기록일 뿐만 아니라 하나님이 택하신 위대한 지도자들의 기록이기도 하다. 즉, 성경은 구원의 설계도도 되지만 리더십을 위한 핸드북도 된다. 성경에서 가장 중요하게 가르치는 리더십 모델은 종과 목자와 청지기이다. 마가복음 10장은 종의 리더십에 대하여 기록했고 요한복음 10장은 목자의 리더십, 누가복음 12장은 청지기 리더십에 대해서 가르치고 있다. 그리고 이 세 가지 기능을 가장 완벽하게 수행한 이상적 지도자는 물론 예수 그리스도이시다. 그러므로 기독교적 리더가 되기 원하는 사람은 예수 그리스도를 절대 표준으로 삼고 예수 그리스도가 지도자로서 보여주신 3중적 모델인 종의 리더십, 목자의 리더십 그리고 청지기의 리더십을 절대적 가치로 삼고 자신을 훈련해야 한다.

종의 리더십이란 말에서 리더가 종이라는 말은 매우 역설적이다. 성경의 진리는 대부분 역설적인 진리이다. 종이라는 말은 자기 마음대로 못한다는 의미이다. 자기 위에 절대적 권리를 가지신 분, 곧 하나님의 주권에 조건 없이 순종하는 자이다. 자기 마음이 아닌 하나님의 마음, 종의 뜻이 아닌 하나님의 뜻대로 움직이는 자가 기독교적 리더이다.

교회와 세상은 섬기는 리더를 필요로 한다. 먼저 하나님을 섬기고 다음으로 하나님의 백성을 섬길 줄 아는 자, 곧 기독교적 리더를 필요로 한다. 예수님도 리더십을 '섬기는 것'으로 이해하셨다. 자신이 세상에 오신 목적이 바로 섬김을 받으려 함이 아니라 도리어 섬기려 하고 자기 목숨을 많은 사람의 대속물로 주기 위함이라고 하셨다. 실제로 십자가에서 죽기까지 하나님과 인간을 섬기셨고 예수님이 단번에 드리신 희생의 제사는 모든 기독교적 리더십의 기초가 되었다.

L. Richard가 말한 대로 세상의 통치자와 성경의 섬기는 리더는 그 자세 면에서 근본적인 차이가 있다. 세상의 통치자는 사람들 '위에(over)' 군림하려고 한다. 그러나 섬기는 리더는 사람들과 '함께(among)' 거하는 자이다.

목자로서의 리더십에 대한 설명은 다윗이 여호와를 목자라고 했을 때 그것은 지도자의 사랑과 보호를 나타내 준다. 목자의 비유는 예수님이 자신과 거짓 목자를 구분하기 위해서 사용하신 것으로 예수님은 인간을 위한 자신의 희생이 자발적인 순종에 의한 것임을 주장하신다. 따라서 이 목자의 리더십은 현대를 살아가는 리더들에게 어떤 마음과 자세로 리더십을 발휘해야 하는지를 제시한다. 즉, 목자의 기능은 양들을 먹이고(가르침), 양육하고(권면, 책망, 교정, 위로), 보호하고, 그룹의 연대감을 촉진시키고, 지도하고 인도하며, 이름을 불러 가며 상담하면서 희망을 주는 일이다.

예수 그리스도는 기독교적 리더십을 위한 가장 좋은 사례가 된다. 리더로서 예수님의 궁극적 목적은 사람들의 구원이었다. 제자를 지도하신 것이나 사람들을 죽기까지 섬기신 것이나 그 목적은 인간을 자유롭게 하기 위한 것이었다. "진리를 알지니 진리가 너희를 자유케 하리라(요 8:32)"는 말씀대로 사람을 자유롭게 하는 것이 리더십이라는 개념은 당시의 세속적인 리더십과는 근본적으로 다른 것이었다.

헬라인은 먼저 배우고 행동했지만 히브리인은 행동하면서 배워 나갔다. 이러한 헬라적 사고방식이 서구 사회에 영향을 끼치고 세속 사회의 원류가 되었고 지위와 권력을 구하는 권위주의적인 리더십을 형성하게 되었다.

청지기로서의 리더십에 대한 설명은 기독교적 리더는 감당할 사역과 그 사역을 위한 은사를 부여받은 자이다. 여기서 부여받았다는 것은 하나님으로부터 신뢰 혹은 부탁을 받았다거나 청지기 직분을 받았다는 것으로 표현된다. 하나님의 부탁을 받은 자는 그 부탁을 지키고 실천할 수 있어야 한다. 하나님의 기대를 받은 자로서 지도자는 주인의 유익을 위해 주인의 뜻에 따라 충성해야 한다.

그러므로 기독교적인 리더는 하나님이 지시하신 대로 예수님처럼 기쁜 마음으로 섬기고(종), 추종자들을 돌보고(목자), 열매를 남기는 리더(청지기)이다.

6

한국교회와 경로 사역

한국은 21세기부터 고령화 사회에 진입하고 있으며, 2000년 노인인구 7%에서 2022년 14%로 될 전망이다. 노인문제와 욕구가 다양화되고 그 수준이 향상되고 있으며, 국가는 다양화되는 노인문제와 욕구에 보다 적극적으로 응할 것이 예상되지만 사회복지와 노인복지에 대한 국가의 정책에도 한계가 있다. 국가정책의 한계에 대한 보완이 필요하며, 민간의 역할이 중요하며 특히 교회의 역할이 중요하다.

교회의 보다 적극적인 노인복지 참여가 요청되고 있다. 교회는 교회 본연의 중요 활동인 사회봉사와 선교의 효과적인 수단으로 노인문제(need)에 대한 특별한 관심과 해결책의 하나로 노인복지에 대한 적극적 참여가 필요하다. 사회복지활동을 통한 선교가 절실히 요구되고 있다.

교회의 본질적 사명은 복음의 선포(Kerygma), 사랑의 친교(Koinonia), 이웃에 대한 책임(Responsibility) 있는 봉사(Diakonia)로 볼 수 있다. 섬기는 공동체로서의 교회상을 교회가 어떻게 회복하여 바른 교회상을 정립할 것인가와, 교회의 자원을 어떻게 지역사회와 유기적으로 활용하여 노인에 대한 사역을 어떻게 할 것인가는 매우 중요하다고 본다.

성서 속에서 우리가 노인을 위한 교회복지를 위해 힘써야 할 이유를 찾아볼 수 있는데, 성서는 우리에게 노인을 공경의 대상으로 이해시키고 있다. 부모에게 순종, 효도하고 노인을 공경하는 것은 하나님께서 기뻐하시는 일 가운데 가장 으뜸이다. 이것은 자녀들이 축복받고 장수하는 비결이다. 부모로서는 시부모와 장인·장모의 구별이 없다. 부모에게 불효하거나 노인을 공경치 않는 죄는 하나님께서 용서하지 않으신다. 우리가 지켜야 할 십계명 중 다섯 번째 계명은 부모를 공경할 것을 말하고 있고, 부모에게 순종하고 효도함으로써 자녀들은 복을 받고 장수할 것을 기록하고 있다.

뿐만 아니라 성서는 노인들이 지혜의 상징임을 말하고 있다. 사람의 나이는 지혜를 얻게 하는 것이니 노인을 사회로부터 격리시켜 고독하게 지내도록 할 게 아니라 존경하고, 훈계를 경청하고, 그 지혜를 배워야 한다. 노인이 창의성과 잠재력을 개발하여 후손들에게 영적인 상담자가 될 수 있도록 환경을 조성해야 한다. 노인도 단지 나이가 많은 것만으로도 축복일 수 없고, 하나님에 대한 믿음과 순종 아래 의인의 삶을 살며, 후손을 위해 사랑을 베풀고, 가정과 나라를 위해 기도해야 한다.

신명기 32:7을 보면 "옛날을 기억하라 역대의 연대를 생각하라 네 아비에게 물으라 그가 네게 설명할 것이요 네 어른들에게 물으라 그들이 네게 이르리로다"라고 기록되어 있다. 즉 우리는 노인들에게 끊임없이 질문하고 답을 얻어 지혜를 배워야 한다는 것이다. 지혜가 있는 노인은 신체적으로는 무기력하나 가르치는 위치에 있다. 그들은 교회 내에서 교육적 사명을 가지고 있다. 게다가 노인이 되었다는 것은 하나님의 복(잠 16:31 "백발은 영화의 면류관이라……")으로도 설명되고 있다.

그러나 노인들이 단순히 공경의 대상이기 때문에 이를 근거로 교회가 노인복지를 해야 한다는 것은 아니다. 시편 71:9를 보면 "나를 늙은 때에 버리지 마시며 내 힘이 쇠약한 때에 떠나지 마소서"라고 기록되어 있다. 이는 노인을 신체적 특성상 연약하고 활동력이 없기 때문에 보호받아야 할 대상으로 보았다고 이해할 수 있다. 이러한 것을 종합해 볼 때 교회 내 노인은 존경을 받고, 지도자의 역할을 수행하고, 보호를 받아야 할 대상이기 때문에 교회에서 노인복지를 소홀히 한다는 것은 하나님의 말씀에 위배된 행위를 하고 있다고 볼 수 있다.

7

복지사회와 사회교육

　과거에는 복지시책이 가난한 자와 약한 자에 대한 부한 자와 강한 자의 시혜로 나타나 있고, 피해가 가해진 후에 취해지는 치료적 성격을 지니고 있다. 그러나 현대적 복지 개념은 예방적 효과에 역점이 주어지며, 고도산업사회 과정에서의 인간의 존엄성과 사회 구성원의 연대성 대등한 참가를 밑바탕으로 하는 사회체제 구상에 주된 관심이 주어지고 있다. 즉 못살게 된 것이 개인의 책임만은 아닌 사회체제의 소산으로 보는 것이다.

　오랫동안의 가난을 벗어나서 잘사는 나라를 건설하기 위한 계획적인 경제성장정책이 오랫동안 추진되어 왔다. 제법 대규모의 기업들이 크게 성장되고 지속적인 고도성장을 위한 인력과 기술을 토대로 잡혀 온 것이 사실이다. 그러나 세계에 유례를 찾을 수 없는 속도로 공업화를 추진하는 동안에 인간복지를 해치는 적지 않은 부작용이 나타나게 되었다. 그중 두드러진 것으로서 소득분배의 불균등에 기인하는 계층 간 사적 소비수준의 심한 격차와 그로 인한 상대적 빈곤감의 심화, 인플레이션이 주는 생활불안, 예측 못 할 불황이 몰고 올 고용불안에 대한 지도적 무방비 상태, 물과 공기의 오염, 급격한 산업도시화에 따른 피해 등을 들 수 있다. 이러한 피해들은 급속한 산업화 과정에서 많은 개인들이 피할 수 없이 당해야 하는 피해이다.

우리나라 경제의 성취와 고도성장으로 인해 쏟아진 많은 찬사 뒤에서 인간이 겪어야 했던 고통스러운 상황은 위에서 예시한 물질적, 가시적인 것들 외에도 또 있다. 그것은 다름 아닌 인간소외 현상이다. 급속한 산업화 과정에서 불가피한 현상으로 나타난 조직화와 관료화, 집단화와 대중화 그리고 획일화와 동조주의 등에 의해서 인간의 개성과 자발성과 자유가 위협을 받게 된 것이다. 이것은 곧 인간실존에의 심각한 위협을 뜻한다. 근대적 산업화 과정에서 발생하는 상기한 여러 폐해와 인간실존에 대한 위협으로부터 개인들을 보호하여 인간다움을 보전케 하기 위한 제반 장치가 효과 있게 짜여져 들어간 그러한 사회체제의 실현이 현대적 의미에서의 복지사회 건설의 과제이다.

그러면 보다 구체적으로 어떠한 조건이 갖추어졌을 때 우리는 과연 복지사회가 도래했다고 말할 수 있는 것인가? 사람마다 내세우는 요건 사이에 약간의 차이는 있지만 최소한 다음과 같은 요건들에 대해서는 많은 사람들의 합의가 이루어지고 있는 것 같다.

첫째 요건은 인간 존엄의 정신에 기초를 준 사회제도의 실현과 그에 따른 사회시설의 개선이다.

이를 위해서는 사회의 구성원들이 대등한 입장에서 제각기 최대한의 능력을 발휘하여 사회발전에 참여하고 기여할 수 있는 길이 보장되어야 한다. 그러기 위해서는 각 사람은 자신이 타고난 가능성을 최대한으로 실현할 수 있도록 교육이 되어야 하며 또 기술적, 제도적인 측면에서 각인의 대등한 참여를 돕도록 하는 정치가 마련되어야 한다.

둘째 요건은 자연환경 및 국민건강의 개선이다. 셋째 요건은 풍요한 정신문화의 향유이다. 복지사회에 관한 대부분의 논의가 외형적이고 객관적인 법제나 정책에 치중되어 있기 때문에 복지를 측정하는 척도는 객관적인 것뿐이라는 생각이 들지 몰라도 그렇지 않다. 오히려 복지에 대한 궁극적인 평가는 당사자의 주관적 판단에 있게 된다. 한 개인이 느끼는 행복감의 수준이 중요한 것이다. 이러한 뜻에서 개인의 정신건강과 인격적 성숙성이 문제되지 않을 수 없다.

　따라서 높은 수준의 문화와 정신적 풍요를 누릴 수 있도록 좋은 질의 사회교육을 보편화시킴으로써 모두에게 사회교육의 혜택을 받게 하는 일이 복지사회 실현에는 불가결한 요소가 된다.

8

자원봉사의 새로운 조명

자원봉사라는 말이 요즈음 흔히 사용되는 것이긴 하지만 그 의미를 내포한 사람들의 행위와 활동은 이미 오랜 역사를 가지고 있다. 어의적인 뜻으로 우리 사회에서 자원봉사라는 용어는 자원과 봉사의 합성어로 자원봉사, 자원활동, 자원봉사활동, 자원복지활동이라는 여러 가지 용어로 함께 쓰이고 있다. 각 용어마다 조금씩 그 의미의 특수성이 있겠으나 실제로는 같은 의미로서 활용되고 있다.

자원봉사는 자유의지라는 뜻을 가진 라틴어 Voluntas에서 유래되었고 자원봉사자라는 영어 단어 Volunteer는 라틴어 volo(의지)에서 나왔다. 즉 자원봉사자란 자유의지를 바탕으로 사회봉사를 하는 사람을 뜻한다.

그러므로 자원봉사는 어떤 특정한 사람이나 집단 또는 시간과 물질적 여유가 있는 사람만이 하는 특별한 활동이 아니며 누구라도, 언제라도, 어디서라도, 어떤 방법으로도 시작할 수 있는 활동이다.

이러한 자원봉사는 산발적, 불규칙적이 아닌 지속적, 계획적 활동이라는 점에서 전통사회의 단순한 주민참여, 온정주의 활동과는 구별되며, 산업화 이후에 등장한 근대적 개념이라고 볼 수 있다.

즉 자원봉사는 내가 지역사회의 주인이라는 민주주의 시민의식의 싹이 트고 민간조직이 등장하면서 시작된 개념인 것이다. 오늘날 자원봉사 개념은 각 국가와 사회, 학자 혹은 활동 분야에 따라 다양한 의미를 지닌 채 사용되고 있지만 한마디로 말해 자원봉사는 물질적인 반대급부 없이 자발적으로 개인이나 사회를 위해 돕는 사람들의 다양한 행위를 의미한다고 정의 내릴 수 있다.

현대를 가리켜 상실의 시대라고 한다. 과거에 우리가 지켜온 많은 것들을 잃어 가고 있기 때문이다. 그러한 것들 중 하나는 우리가 오랫동안 서로 도우며 살아왔던 상부상조의 정신이다. 우리의 조상들은 이미 전통사회에서 어려움을 당한 이웃을 위하여 자발적으로 도움을 주던 두레, 상부상조계, 향약 등의 미풍양속을 가지고 있었다. 그러나 현대를 살고 있는 우리는 이웃의 어려움을 함께 걱정하기는커녕 이웃에 누가 살고 있는지도 모르고 있는 실정이다.

이처럼 현대 사회에서의 소외가 심화되어 갈수록 우리에게 더욱 필요한 것은 다 함께 사는 사회를 만들고자 하는 노력이며, 이제 우리가 자원봉사를 하려는 것도 이러한 다 함께 사는 사회를 만들기 위한 것이다. 사회의 모든 구성원이 서로를 존중하고 구성원으로서 사회적 책임을 다하는 사회를 만들기 위한 것이다. 자원봉사의 기본 정신은 기본적으로 인간이 가진 능력과 자원을 창조적으로 활용하여 사랑의 공동체를 만들어 나가자는 데 있다. 우리의 도움을 필요로 하는 곳에 도움의 손(helping hands)을 내밀어 도움을 필요로 하는 기쁨의 손(glad hands)을 잡는 것이다.

자원봉사는 누구나 할 수 있다. 하는 사람이 따로 있는 것은 아니다. 누구나 마음만 먹으면 할 수 있는 것이 자원봉사다. 누구나 바라는 것 없이 자발적으로 꾸준히 할 수만 있다면 해 볼 만한 소중한 일이 자원봉사다. 따뜻한 손길과 부지런한 발걸음을 기다리는 곳도 많고 기대하는 사람들도 무수하다. 시간을 내고 손발과 두뇌를 빌려 줄 수 있는 사람이면 누구나 자원봉사자가 될 수 있다.

이제는 더 많은 사람들이 자원봉사에 관심을 가져 자원봉사의 역사

와 전통이 짧은 우리나라에서도 자원봉사운동이 범사회적인 운동으로
발전되어 더불어 사는 아름다운 사회가 되었으면 한다.

9

NGO로서 교회의 활동

　한국은 기독교가 들어온 지 약 200여 년에 불과하지만 기독교 시민운동은 수많은 우여곡절을 겪으면서 발전하여 왔다. 기독교 시민운동은 의료봉사활동과 함께 문화계몽운동에 초점을 두고 시작한 이래, 19세기 말에 이르러 YMCA운동이나 독립협회 등에서 작은 결실을 맺게 되었다. 최근 기독교 시민운동의 사례들을 본다면 기독교 윤리실천운동, 교회갱신운동, 기독교 사회복지 참여연대, 민족통일 복음화 운동 등 다양하다.

　이러한 기독교 시민운동들이 추진되는 과정에 나타난 특징으로는 첫째, 기독교가 일반 시민들로부터 신뢰를 굳건히 하는 데 일조를 하였으며 둘째, 교회의 특수한 상황하에서 이슈로 대두되는 교회세습문제 등 첨예한 문제를 교회 스스로 해결하고자 하는 교회적 합의를 도출하려고 노력하고 있으며, 셋째, 출소자 및 비행청소년들의 재사회화 문제, 탈북자의 사회적응 지원사업 및 고령화 사회에 따른 노인복지문제 등 다양한 기독교 시민활동을 통하여 많은 시민들로부터 동조를 얻고 있다는 점이다. 더 나아가 세계기독교 시민운동을 살펴보면 세계선교와 같은 맥락을 유지하면서 각 국가의 국내문제에 대한 기독교의 대처활동, 특수한 지역의 기독교 시민운동 및 사회사업 등 이루 말할 수 없이 많다.

교회란 그리스도인의 모임이며 그리스도인들은 교회를 통해 하나님의 사역에 참여하게 된다. 봉사나 섬김으로 해석되는 Diakonia의 진정한 의미는 치유와 화목의 행위라는 뜻이다. 즉 상처를 싸매고 갈라진 틈을 메우며, 공동체의 건강을 회복시키는 행위로서 선한 사마리아인의 행위는 Diakonia의 가장 좋은 예이다.

급변하는 시대와 사회 속에서 선교 21세기를 향하고 있는 한국기독교의 시대적 사명과 역할을 지역사회에서 연대하여 진행하고 있는 NGO단체들과 함께 교회의 기능을 Diakonia라는 입장에서 나눔과 섬김을 통해 교회의 사회적 책임을 완수해 나아갈 때 한국교회의 자원이 사회복지를 위해 참여의 역할을 할 수 있다고 본다.

교회는 지역사회에 속해 있으면서 지역사회에 대한 책임을 가지고 있다는 것이다. 또한 하나님은 교회만이 아니라 이 세상도 여전히 사랑하고 있기 때문이다. 또한 "너희는 세상의 소금이라", "너희는 세상의 빛이라"고 주님께서 명령하심과 동시에 우리는 이를 아름답게 보전하는 책임이 그리스도인에게 있음으로 알 수 있다. 그렇기에 세상은 교회가 대치해야 할 적대적인 관계가 아니다. 교회는 이 세계에 하나님의 나라가 이룩되도록 하는 전위대 역할을 해야 하는 것이다. 교회는 끊임없이 상호영향, 상호교환적인 작용을 통해서 존재한다는 하나의 생명체인 것이다. 이와 같은 관점에서 볼 때 교회는 지역사회의 개인, 가족, 집단, 조직체의 건강한 삶을 확보하고 유지하게 하며 향상시키게 하기 위해 다양한 기능을 수행해야 한다.

교회가 지역사회교회로서 가야 할 방향은 다음과 같다.

첫째, 교회는 지역사회와 연결을 강화해야 한다. 교인들이 지역사회 각종 공사 기반의 이사회, 자문기구, 위원회와 관련을 맺어 지역사회의 욕구와 문제를 수렴하고 교회의 지원방안을 강구한다. 둘째, 교회는 지역사회를 대변한다. 지역주민의 각종 행사에 교회 대표를 파견하며 그 문제에 교회가 관심을 표명하되 특히 가난하고 소외된 자들의 자활을 돕고 필요한 경우 그들의 의견을 대변할 수 있는 지역사회 센터로서의 역할을 수행한다. 셋째, 교회는 지역사회를 향해 문을 열어 놓는다. 지역사회의 다양한 집단들이 교회 자원 특히 교회 건물의 일부를 사용할 수 있도록 교회 문을 개방한다. 공간 여유가 있으며 사회복지 및 공익 기반에 교회 일부를 무료로 대여할 수도 있고 필요시에 학문, 문화, 예술 행사에 교회를 빌려 주고 물적 및 인적자원을 후원해야 한다.

그리고 교회는 지역사회와 지역주민들의 욕구 및 문제가 있는 곳에 해결책을 제시해야 한다. 그리하여 실천적 삶을 통해 그리스도의 사랑을 증거토록 해야 하며, 지역사회의 상담센터가 되어 지역사회복지관이 되어야 한다. 교회 내뿐 아니라 교회 밖의 모든 사람들의 필요를 채워 주며 공동체의 관계를 정상화시키는 것이 교회의 사명이 되어야 한다.

10

민간 중심의 복지로의 전환

복지는 정부 주도에서 민간 중심의 복지로 전환되어야 한다고 본다. 그렇게 될 때 클라이언트에 대한 서비스의 효과성도 높다고 본다. NGO (non-governmental organization)란 비정부 또는 탈국가 조직체로서 자발성을 바탕으로 한 비영리집단이나 결사체, 기구나 단체, 운동 세력 등을 포괄하고 있다. 비정부기관으로서 비영리의 목적하에 지구의 제반 문제를 다루는 시민 주체의 단체들을 총괄하는 개념으로 정의된다.

비정부조직을 구성하는 개별 성원들은 특정 목적을 공유하면서 그들 간의 관계를 유지·발전시키기 위한 내부구조와 규칙을 가지고 있다. 또한 비정부조직은 자발적으로 구성된 시민사회의 조직이며, 비영리를 목적으로 하고 있다. 이러한 조직에는 국제조직, 국가조직, 풀뿌리조직, 이익단체, 전문직단체, 지역단체, 협동조합, 빈민단체 등 다양한 부문들이 포함되고 있다.

비영리단체는 다양한 속성을 갖고 있는 만큼 다양한 명칭을 갖고 있다. 이윤을 추구하지 않는다는 의미에서 nonprofit 또는 not-for-profit organization, 정부가 조직한 것이 아니라는 의미에서 non-governmental organization, 타인의 강요나 법적인 구속을 갖고 생겨난 조직이 아니라는 의미에서 voluntary organization 등은 그 예라고 할 수 있다. 민간이 중심이 되어야 할 NGO의 특징은 다음과 같다.

첫째로, NGO는 지속성이 있는 조직이다. 둘째로, 민간이 설립하고 운영하는 조직을 칭한다. 셋째로, 편익의 비배분성을 지적할 수 있다. 넷째로, NGO는 자치조직이다. 다섯째로, NGO는 자발적인 참여를 기반으로 만들어진 조직이다.

하지만 NGO는 조직의 성장이나 구성원의 편익의 증진을 추구하는 것이 아니라 전체 사회의 편익의 증진이나 공공가치를 궁극적인 목표로 삼고 있다는 면에서 NGO가 공익을 추구하는 단체라고 할 수 있을 것이다. 서구의 경우 NGO가 조직의 이익을 추구하는 것이 아니라 조세감면의 혜택을 받는 것은 바로 NGO가 공익을 위하여 활동하는 데 근거를 두고 있기 때문이다.

일반적으로 NGO는 우리 사회에 다양한 방법으로 영향력을 행사하고 있으며, 이는 NGO가 갖고 있는 자원, 즉 전문지식과 여론동원능력 그리고 실행능력 등을 통해 행사된다.

NGO가 우리 사회에서 어떤 역할을 하는지 아래와 같이 크게 네 가지로 구분해서 정리해 볼 수 있다. 첫째, '의제설정' 역할이다. '의제설정'이란 우리 사회의 주요 관심사가 되는 문제에 대한 사회여론의 조성 혹은 공론화의 과정이라고 말할 수 있다.

둘째, 정당성 부여의 역할로서, NGO는 공론화와 대중적 지지 동원을 통해 정부나 의회기구의 결정 및 활동에 정당성을 부여함으로써 그 실효성을 증대시킨다.

셋째, 문제해결의 역할이다. NGO는 정부나 의회기구와 협조를 통해, 혹은 독자적으로 어떠한 문제를 해결하기 위한 실질적인 활동을 전개한다.

넷째, 갈등조정의 역할이다. 이 역할은 NGO가 현 지역사회 사정을 잘 알고 있으며, 지역주민과 함께 밀착해서 활동하고 있고, 갈등조정 과정에서 발생할 수 있는 개인적인 위험부담을 잘 알고 이에 대처하고 있다는 점에서 가능한지를 설명해 준다.

우리 사회에서 NGO가 행사하는 역할을 정부의 역할과 비교해 살펴볼 때 다음과 같은 점에서 우위에 있다고 지적한다. 첫째, 정부는 국가안보를 최우선으로 해서 복합적인 기능들을 수행해야 하지만 NGO들은 단일 현안 혹은 문제에 집중해서 보다 효과적인 성과를 올리고 있다. 둘째, 원칙에 기초하여 현안에 대해서는 정부가 정책 우선순위에서 다른 외교정책사안에 종속시키거나 무시하는 경향이 있는 데 반해 NGO들은 행동으로 옮겨 실천하는 근본적인 차이가 있다. 셋째, 다양하며 경쟁적인 정책 현안들을 다루는 정부의 입장과는 달리 단일 혹은 소수 현안에 전문적 활동을 펴는 NGO들이 보다 치밀한 행동으로 실적을 올리고 있다.

그리고 NGO의 3대 역할로서 첫째, 국가권력과 시장횡포에 대한 견제와 비판의 기능, 둘째, 사회정의와 시민권리를 강화시키는 후원기능, 셋째, 사회문제를 해결하고 휴먼서비스를 제공하는 기능을 제시하고 있다. 이제 복지는 민간 중심의 서비스체계와 전문성을 바탕으로 수혜자들의 필요를 중심으로 이루어질 때 보다 나은 복지사회가 되리라 본다.

11

사랑의 산소를 만드는 복지시민운동

사람에는 두 부류의 사람이 있다고 보는데 만나면 편하고 행복하고, 기쁜 사람이 있는데 그런 사람은 산소 같은 사람이라고 본다. 반면에 만나면 부담되고 힘들고 짜증나고 불평을 듣게 되는 사람이 있는데 이는 이산화탄소 같은 사람이다.

과연 우리는 어느 부류에 속한다고 생각하는가? 사랑이란 무엇인가? 흔히들 말하듯 사랑은 아름답고 달콤하고 또는 어느 노래 가사처럼 눈물의 씨앗이라고 하기도 하며, 사전적 의미로는 좋아하는 어떤 대상에 대해 소중히 아끼고 정성을 다하며 관심을 갖고 베푸는 일이라고 한다.

사랑에 대해 많은 학자들이 정의한 것들을 살펴보면, 철학자 플라토(Plato)는 누구를 사랑한다 함은 그 사람 속에 있는 미(美)와 선(善)의 진수를 알아보는 것, 카펠라누스(Andreas Capellanus)는 사랑이란 이성(異性)의 미(美)를 보거나 너무 생각한 나머지 생겨나는 일종의 타고난 고통, 에리히 프롬(Erich Fromm)은 사랑이란 상대방의 생활과 성장에 대한 적극적인 관심이라고 하였다. 사랑은 상대방으로부터 표현되거나 표현되지 않는 욕구에 대한 자발적 반응이다.

그리고 상대방을 있는 그대로 보아 주며 그의 개성을 존중하는 태도이다. 프롬은 "인간이란 근본적으로 고독한 존재이며, 그 고독감과 공허감을 극복하기 위하여 사람은 사랑을 하는 것"이라고 주장하고 있다.

사랑의 크기는 이 세 요소의 상대적 크고 작음에 따라 우정 같은 사랑, 정열적인 사랑, 숭늉처럼 미지근하지만 그런대로 일생을 함께 늙어 가며 이루어 가는 사랑 등이 생겨난다는 것이다. 그러나 사랑은 사람마다 처한 환경이나 대상에 따라 그 의미와 방법이 모두 다르기 때문에 자기가 사랑이라고 생각하는 것이 곧 사랑인 것이 아닐까 한다.

인생에서 산소 같은 사랑을 보면, 첫째 누구를 사랑하는 것이며, 둘째, 당신을 사랑해 주는 누군가가 있다는 것이고, 셋째, 이 두 가지가 동시에 이루어지는 것이다.

우리는 자기가 과거에 사랑받았던 방식대로 다른 사람을 사랑하기 마련이다. 그런데 각자가 사랑받은 방식이 때로는 다소 다르기 때문에, 상대방이 사랑이라고 느끼는 행동이 무엇인지를 미처 알지 못하는 때가 많다. 그것을 알려 달라고 하면, 상대방은 '엎드려 절 받기'라고 말하며 혼자 알아서 해 주기를 바란다.

그렇기 때문에 상대방과 같은 행동양식을 가지고 있지 않더라도 상대방이 선호하는 사랑의 양식을 이해하는 것, 나는 사랑을 전혀 다르게 표현하더라도 상대방이 나타내는 사랑의 행위를 인정하고 수용하는 것, 이런 것들이 성공적인 사랑을 이룰 수 있는 중요한 조건이 된다.

사랑하는 사람을 만나 가정을 이루고 아이들을 낳아 살아오면서 한 가족(가정)의 가장으로서 먼저 그 어느 때보다 진지하게 스스로를 돌아보게 된다. 그때 사랑에 푹 빠졌을 때와 지금의 나의 모습에는 과연 어떤 차이가 있는지 보아야 할 것이다.

우리의 삶 속에서 얼마나 사랑을 위해 기도하고 준비하고 실천하는지 자문해 보아야 할 것이다. 사랑은 우리 삶의 중요한 원동력이다. 그래서 그 귀한 사랑이 오염되지 않도록 우리는 끊임없이 노력해야 할 것이다. 그러기 위해서 사랑인 애정(affection)을 그리스도의 사랑을 중심으로 비추어 볼 때 다음의 일곱 가지로 사랑의 실천을 이루어야 할 것이다.

첫째, 사랑은 'care(돌봄)'이다. 누군가를 돌본다거나 누군가로부터 보호를 받는 것은 인간관계에 있어 없어서는 안 될 아주 자연스럽고 인간다운 일이라 하겠다. 우리에게 맡겨 주신 이웃과 소외된 계층을 사랑하고 끊임없이 돌봄의 실천을 해야 한다.

둘째, 사랑은 'giving(나눔과 섬김)'이다. 과거에 주었다거나 미래에 줄 것이 아닌 현재 계속하여 주고 있어야 진정한 사랑이다. 여기에는 조건이 불필요하며 대가도 바라지 않는다. 이미 준 것에 대해 아까워하거나 지금 주는 일에 인색하고, 더구나 앞으로 베풀 계획조차 없다면 '사랑'에 적신호가 켜진 것이다.

셋째, 사랑은 'knowledge(지식)'이다. 돌보고 끊임없이 주는 일이 중요하나 이보다 어쩌면 그 대상(client)을 아는 일이 우선되어야 한다. 무턱대고 베푸는 일은 오히려 해가 될 수 있고 무의미한 일이 될 수 있기 때문이다. 아이들에 대해서는? 이웃에 대해서는? 아는 만큼 사랑할 수 있다.

넷째, 사랑은 'making(만드는 것)'이다. 끊임없이 함께 만들어 가는 것이 사랑이다. 자신과의 싸움을 통해 더 높고, 더 넓고, 더 깊은 차원의 사랑을 계속해서 만들어 가는 자가 사랑을 유지할 수 있고, 만드는 것은 계속 이루어져야 할 것이다. 사랑은 창조적 소수로서 새벽을 만드는 사람으로서 우리의 존재의 가치를 소중하게 보며 내 안에 있는 소중한 정체성을 가지고 나아가야 할 것이다.

다섯째, 사랑은 'respect(존경)'이다. 말도 가까운 사이일수록 경어를 써야 한다. '말이 씨가 된다'는 말이 있듯이 쉽게 행해지는 말에서부터 조심해야 한다. 말을 낮추기 시작하면 행동도 낮아지기 때문이다. 마음에서 시작되는 게 말이기에 상대를 귀하게 여기고 존경하는 마음이 중요하다. 겉과 속이 같은 것이 진정한 사랑이라 한다면, 필요도에 따라 변하지 않는 존경심을 품는 자세가 있어야 한다.

여섯째, 사랑은 'responsibility(책임감)'이다. 진정한 사랑은 진정으로 책임질 수 있어야 한다. 더구나 오늘, 지금 책임을 지어야 한다. 우리에게는 과거가 없고 내일이 없으며 오늘만큼만 살아갈 뿐이다. 미래를 바라보며 오늘, 여기서 최선을 다해야 한다. 사랑하는 마음만큼 책임질 수 있고, 책임지는 마음만큼 사랑할 수 있다.

일곱째, 사랑은 'understanding'이다. 한 번 이해하고 마는 것이 아니라 이해는 계속적인 연결선상에 있어야 한다. 더구나 내 입장에서가 아니라 클라이언트의 위치에서 이해되어야 한다. 클라이언트 위에 군림하는 것이 아닌 그 아래에서 섬기는 자세가 사랑이다.

가장 강한 힘은 섬기는 모습 속에서 나오며 섬김을 통해 영원한 이김이 있다. 루터는 서로 사랑하고 섬기는 사람만이 자기의 주체성을 확립한 사람이라고 한다. 교만한 사람은 사랑을 할 수 없다. 참으로 겸손한 자만이 진실한 사랑을 할 수 있다. 미래를 위하여 우리는 나 자신을 개혁해 나아가야 한다.

사람이 사람인 이유는 미래를 생각하는 점이 동물과 다른 점이다. 사람은 또한 비전을 가지고 나아가는 존재인 것이다. 이것이 인간으로서의 가치를 만들어 낸다고 본다.

12

섬김 사역의 Diakonia 공동체

　사회복지는 이제 정부와 NGO, NPO 그리고 종교와의 연합으로의 파트너십이 절실히 요구되고 있다. 특히 지역사회에서의 교회의 복지적(diakonia) 역할은 그 의미가 매우 크다고 본다. 교회는 지역교회(local church)에서 지역공동체(community church)로의 전환이 필요하다고 본다. 그러할 때 교회는 지역에서의 나눔과 섬김인 Diakonia의 역할을 이룰 수 있다고 본다.

　교회의 본질적 사명은 복음의 선포(Kerygma), 사랑의 친교(Koinonia), 이웃에 책임 있는 봉사(Diakonia)로 볼 수 있는데 한국교회는 교회 자체 성장에만 관심을 가졌을 뿐 교회를 향한 사회의 요청에는 적극적인 대응을 하지 못하였다. 성서에서는 고아, 과부에 대해 각별히 보호를 요청하고 있는 것을 볼 수 있는데 이러한 성서에서 근간을 두는 교회는 이웃을 향한 구체적인 사랑의 실천으로써 교회의 본질인 낮은 자들과 함께하는 '섬김'의 자세를 잃어버리지 말아야 한다고 본다.

　라인홀드 니버(Reinhold Nibuhr)는 그의 저서『사회사업에 관한 기독교의 공헌』(The Contribution of Religion to Social Work)에서 "교회는 사회복지를 낳고 키운 어머니"였는데 어머니로서의 책임을 포기하였기 때문에 세속화를 초래하였다고 했다.

기독교에서는 약자와 강자, 가난한 자와 부유한 자 모두가 하나님 앞에서 동등한 대우를 받는다. 그러나 인간적 측면에서의 관심은 그렇지 않다. 구약시대에는 고아와 과부에 대한 법적인 우선권이 많이 강조되어 있고 신약시대에는 같은 피지배자 가운데서도 소외된 무리들과 팔레스타인 지역에 흩어져 사는 Diaspora들에 대한 유태교적 율법의 재해석을 통해 그들의 권익을 보장하고 그들의 생활을 보장토록 했다. 예수의 삶과 가르침은 봉사의 삶이었으며 이러한 예수의 복지적 입장에서 보아도 가난한 자, 눌린 자, 천대받는 자 등과 같은 이웃들과 함께 웃고 울면서 그들을 위해 사셨다.

한국교회는 이제 새로운 전환기를 맞이했다고 보아도 과언이 아닐 것이다. 지금까지는 교회의 내적 성장을 지향하여 총력을 교단과 교리를 부흥시키는 데 기울였지만 이제 한국교회의 외적 성장은 더 이상 교회 자체를 위해서만 관심을 기울이는 행위는 사회로부터 용납 못 할 정도의 모양새를 갖추었기에 이제는 교회에 대해 요청하고 있는 소리들을 겸허히 수용하는 자세를 보여야 할 것이다.

한국교회는 사회적 책임을 깊이 가지고 기존의 교회 사회사업의 활동을 재정립하고 보다 전문적인 방법으로 새롭게 시작해야 할 것이다. 또한 교회에서 할 수 있는 프로그램으로서 아동, 주부, 청소년, 노인들을 위한 다양한 프로그램을 통하여 지역사회 안에서의 교회의 위치를 새롭게 제시해야 할 것이다.

교회는 이웃을 잃어 가고 있다. 교회가 지역사회 속에서 교회 자체를 사랑하듯이 이웃 지역사회를 사랑해야 하며 교회의 이웃을 찾아야 한다고 생각한다. 예수의 삶과 가르침은 인간의 낮고 낮은 삶에서부터 봉사의 삶이었으며 이러한 예수는 복지적 입장에서 보아도 가난한 자, 눌린 자, 소외된 자, 핍박받는 자, 빚진 자, 천대받는 자, 차별받는 자 등과 같은 이웃들과 함께 웃고 울면서 그들을 위해 사셨다. 예수의 삶은 섬김의 삶으로서의 교육이었다. 그래서 응하려는 자세가 필요하며 봉사를 통한 교육의 새로운 장이 요구된다. 이런 면에서 교회의 사명은 모이는 교회로서의 예배와 교육으로, 또한 흩어지는 교회로서 사회 속에서 섬김이 바람직하다고 본다. 그리고 교회는 '이웃의 교회'가 되어야 하고 '이웃을 위한 교회'로서 혼자 사는 삶이 아닌 이웃과 더불어 사는 삶을 가르치는 교육을 교회가 과감히 시도하며 교회의 본질(Meaning)을 잃지 않고자 계속적인 개혁이 필요하며 '섬김의 도'를 이루어 나가야 할 것이다.

13

희망의 복지

희망의 복지가 가능한가? 희망의 복지는 과연 무엇으로 이룰 수 있을까? 필자는 그 열쇠는 진정한 나눔과 섬김의 사랑에 있다고 본다. 사랑이란 무엇인가? 사전적 의미로는 좋아하는 어떤 대상에 대해 소중히 아끼고 정성을 다하며 관심을 갖고 베푸는 일이라고 한다.

사랑에 대해 많은 학자들이 정의한 것들을 살펴보면, 철학자 플라토(Plato)는 누구를 사랑한다 함은 그 사람 속에 있는 미(美)와 선(善)의 진수를 알아보는 것, 카펠라누스(Andreas Capellanus)는 사랑이란 이성(異性)의 미(美)를 보거나 너무 생각한 나머지 생겨나는 일종의 타고난 고통, 에리히 프롬(Erich Fromm)은 사랑이란 상대방의 생활과 성장에 대한 적극적인 관심이라고 하였다.

프롬은 "인간이란 근본적으로 고독한 존재이며, 그 고독감과 공허감을 극복하기 위하여 사람은 사랑을 하는 것"이라고 주장하고 있다.

우리의 삶 속에서 얼마나 사랑을 위해 준비하고 실천하는지 자문해 보아야 할 것이다. 사랑은 우리 삶의 중요한 원동력이다. 그래서 그 귀한 사랑이 오염되지 않도록 우리는 끊임없이 노력해야 할 것이다. 그러기 위해서 사랑인 애정(affection)을 비추어 볼 때 다음의 일곱 가지로 사랑의 실천을 이루어야 할 것이다.

첫째, 사랑은 'care(돌봄)'이다. 누군가를 돌본다거나 누군가로부터 보호를 받는 것은 인간관계에 있어 없어서는 안 될 아주 자연스럽고 인간다운 일이라 하겠다. 이웃과 소외된 계층을 사랑하고 끊임없이 돌봄의 실천을 해야 한다.

둘째, 사랑은 'giving(나눔과 섬김)'이다. 과거에 주었다거나 미래에 줄 것이 아닌 현재 계속하여 주고 있어야 진정한 사랑이다. 여기에는 조건이 불필요하며 대가도 바라지 않는다. 이미 준 것에 대해 아까워하거나 지금 주는 일에 인색하고, 더구나 앞으로 베풀 계획조차 없다면 '사랑'에 적신호가 켜진 것이다.

셋째, 사랑은 'knowledge(지식)'이다. 돌보고 끊임없이 주는 일이 중요하나 이보다 어쩌면 그 대상(client)을 아는 일이 우선되어야 한다. 무턱대고 베푸는 일은 오히려 해가 될 수 있고 무의미한 일이 될 수 있기 때문이다.

넷째, 사랑은 'making(만드는 것)'이다. 끊임없이 함께 만들어 가는 것이 사랑이다. 자신과의 싸움을 통해 더 높고, 더 넓고, 더 깊은 차원의 사랑을 계속해서 만들어 가는 자가 사랑을 유지할 수 있고, 만드는 것은 계속 이루어져야 할 것이다. 사랑은 창조적 소수로서 새벽을 만드는 사람으로서 우리의 존재의 가치를 소중하게 보며 내 안에 있는 소중한 정체성을 가지고 나아가야 할 것이다.

다섯째, 사랑은 'respect(존경)'이다. 말도 가까운 사이일수록 경어를 써야 한다. 말을 낮추기 시작하면 행동도 낮아지기 때문이다. 마음에서 시작되는 게 말이기에 상대를 귀하게 여기고 존경하는 마음이 중요하다. 겉과 속이 같은 것이 진정한 사랑이라 한다면, 필요도에 따라 변하지 않는 존경심을 품는 자세가 있어야 한다.

여섯째, 사랑은 'responsibility(책임감)'이다. 진정한 사랑은 진정으로 책임질 수 있어야 한다. 더구나 오늘, 지금 책임을 지어야 한다. 우리에게는 과거가 없고 내일이 없으며 오늘만큼만 살아갈 뿐이다. 미래를 바라보며 오늘, 여기서 최선을 다해야 한다. 사랑하는 마음만큼 책임질 수 있고, 책임지는 마음만큼 사랑할 수 있다.

일곱째, 사랑은 'understanding'이다. 한 번 이해하고 마는 것이 아니라 이해는 계속적인 연결선상에 있어야 한다. 더구나 내 입장에서가 아니라 클라이언트의 위치에서 이해되어야 한다. 클라이언트 위에 군림하는 것이 아닌 그 아래에서 섬기는 자세가 사랑이다.

가장 강한 힘은 섬기는 모습 속에서 나온다. 루터는 서로 사랑하고 섬기는 사람만이 자기의 주체성을 확립한 사람이라고 하였다. 참으로 겸손한 자만이 진실한 사랑을 할 수 있다. 미래를 위하여 우리는 나 자신을 개혁해 나아가야 한다.

사람이 사람인 이유는 미래를 생각하는 점이 동물과 다른 점이다. 사람은 또한 비전을 가지고 나아가는 존재인 것이다. 이것이 인간으로서의 가치를 만들어 낸다고 본다. 이렇게 될 때 희망의 복지는 이루어질 것이다.

14

사랑의 실천 – 자원봉사

현대를 가리켜 상실의 시대라고 한다. 과거에 우리가 지켜온 많은 것들을 잃어 가고 있기 때문이다. 그러한 것들 중 하나는 우리가 오랫동안 서로 도우며 살아왔던 상부상조의 정신이다. 자원봉사의 기본 정신은 기본적으로 인간이 가진 능력과 자원을 창조적으로 활용하여 사랑의 공동체를 만들어 나가자는 데 있다. 우리의 도움을 필요로 하는 곳에 도움의 손(helping hands)을 내밀어 도움을 필요로 하는 기쁨의 손(glad hands)을 잡는 것이다.

자원봉사는 누구나 할 수 있다. 하는 사람이 따로 있는 것은 아니다. 누구나 마음만 먹으면 할 수 있는 것이 자원봉사다. 누구나 바라는 것 없이 자발적으로 꾸준히 할 수만 있다면 해 볼 만한 소중한 일이 자원봉사다. 따뜻한 손길과 부지런한 발걸음을 기다리는 곳도 많고 기대하는 사람들도 무수하다. 시간을 내고 손발과 두뇌를 빌려 줄 수 있는 사람이면 누구나 자원봉사자가 될 수 있다.

비정부기구와 자원봉사의 상황을 보면 NGO의 등장 배경은 매우 의미 있다고 본다. 20세기는 국가의 통제하에 국민의 안녕과 복지를 이루었지만 다양한 사회변혁과 정보망 구축, 세계화된 사회에서 살고 있는 지금의 현실과 21세기의 새로운 사회에서는 국가가 통제하지 못하는 여러 가지 변수가 생기게 된다. 오늘날 국제 사회는 이데올로기의 갈등으로 재현되던 동서냉전의 시대가 종식되고 함께 사는 세계에 대한 공감대가 확산됨에 따라 국가라는 행위자뿐 아니라 유엔 등의 국제 기구들의 활동이 급격하게 증대되고 있다. 지역과 국가를 초월한 국제 NGO는 국가 간 기구에 비해 보다 효율적이고, 중립적·독립적인 사태 대처능력을 가지고 있기 때문에 국제 사회에서 NGO의 역할과 위상은 더욱 중요하다.

현대 사회에서 자원봉사는 여러 가지 의미에서 과거에 비해 그 중요성이 증대되고 있다. 현대 사회가 산업화, 도시화됨에 따라 사회 구성원이 고립되고 인간관계가 단절되며 사회의 정상적 유지를 저해하는 여러 가지 사회문제가 증가할 뿐만 아니라 새로운 문제들이 급속하게 등장하고 있다. 이러한 사회문제들에 대한 적절한 대응을 정부와 같은 전통적인 사회조직만이 담당하기에는 한계가 있을 수밖에 없으므로 모든 시민들의 자발적이고 적극적인 참여와 많은 비정부조직체의 활동의 필요성이 대두되는 것이다.

자원봉사는 과거에는 인간애를 기본으로 한 무조건 주는 태도 또는 베푸는 행동으로서의 의의가 컸었지만 현대에 이르러서는 자선 또는 구호 중심의 전통적 자원봉사 대신 산업화로 인한 각종 사회문제를 해결하기 위한 적극적 의미의 자원봉사의 필요성이 강조되고 있다. 즉, 사회공동체의 약화 방지를 위해서나 시민교육, 복지교육의 증진과 사회 참여의 확대, 사회변동에 따른 새로운 욕구의 발생에 대처하기 위해서도 기존의 사회적, 제도적 장치로서는 어려움이 많으므로 새로운 조직과 집단이 대체해야 하는 필요성이 대두되는데 자원봉사는 이러한 사회복지제도의 불완전성을 보완, 강화하는 중요한 역할을 수행한다고 볼 수 있다. 또한 여가의 선용과 자아실현에 기여함으로써 생의 보람과 희망을 갖게 되는 의미 있는 일이기도 하다. 더욱이 현대 사회의 각종 문제는 개인의 책임보다는 사회적·환경적 요소에 영향을 많이 받으며, 그 해결도 집단적·사회적인 노력을 통해서만 가능한 것이 대부분이다.

이러한 여건에서 자원봉사는 기존의 조직을 새롭게 하고 효과적으로 문제를 해결하거나 예방할 수 있는 토대를 형성할 수 있다.

자원봉사활동은 나비효과에 비유되기도 한다. '나비효과'란 기상학의 카오스 이론에서 유래된 말로 시작은 작지만 그 결과는 크게 나타날 수 있다는 말이다. 즉 한 사람 한 사람이 참여한 헌신적인 자원봉사활동의 작은 힘들이 모여 큰 효과를 얻을 수 있다는 것이다. 우리 사회 속에 신념을 가진 자원봉사자들의 힘이 모여 이 사회를 변화시킬 수 있는 원동력이 되기를 바란다. 자원봉사는 사랑의 실천이다. 사랑의 실천을 통하여 아름다운 복지사회를 만들어 가는 우리 모두가 되기를 바란다.

15

섬김의 지도자를 기다리며

Servant 리더십은 1970년에 미국의 로버트 그린리프(Robert K. Greenleaf)가 주창한 것으로 명령과 획일적인 지휘체계보다는 사랑과 헌신으로 모든 조직이 하나로 뭉칠 때 조직의 경쟁력이 배가 될 수 있다고 보는 것이다. 이러한 리더십은 단지 지도자에게만 국한된 것이 아니라 전체 기업과 공동체 문화에 영향을 주고 있다.

Servant Leadership은 모든 사람들에게 발을 씻겨 주는 섬김의 도라는 것을 알고 섬김에서 시작하는 리더십이다. 이 Servant Leadership은 처음에는 선택받은 사람들을 도와주기 위한 것이었으나 점차 후에는 개인단체들에게 서비스를 확장시키는 방법으로까지 이르게 한 실천철학이며 이것은 공식적인 지위를 가지고 있든지 아니든지 간에 협력, 믿음, 예지, 경청, 권력과 역량 강화의 도덕적 사용을 장려하는 것이다.

복지기관의 최고관리자는 조직의 특성을 고려하여 환경과의 관계를 확립하고 내부운영을 지시하고 조정해야 하는 적합한 전략과 구조조정으로 조직을 운영해야 한다. 그러기 위해서는 조직 구성원의 열정을 불러일으키고 환경변화와 요구에 신속하고 효율적으로 대처할 수 있는 리더십을 발휘하여 실무자의 직무 만족도를 높여야 한다.

리더십 이론에 의하면 "일반적으로 최고관리자는 목표 관리, 종업원의 동기 부여 및 목표 설정 시 조언, 조직 구성원들의 지속적인 행동을 이해해야 하며 조직에 있어서 효율성 증대는 최고관리자가 이러한 모든 경영활동을 어떻게 수행하느냐에 달려 있다.”고 한다. 또한 행동과학 이론에 따르면 모든 조직이 추구하는 목적성취 가능성의 정도는 그 조직의 지도자와 소속 구성원과의 상호작용 여하에 따라 결정된다고 한다. 복지조직이 갖는 특수성은 복지행정의 영역에서 복지조직의 기관장들에게 효과적인 조직 관리의 필요성이 요구되며 복지조직이 다른 조직과 달리 전문가에 대한 의존도가 높기 때문에 인적 관리의 중요성을 더욱 높아지게 하고 있다.

조직 효과성은 주로 조직의 생산성, 경제성, 수익성, 성장도, 만족도, 혁신성, 적응성 등에 의해서 측정되는데 사조직에서는 생산성, 수익성, 성장도 등의 기준이 우선 적용되고 있다.

그러나 공공조직에서는 단기목표 중심적인 생산성, 수익성보다도 조직의 장기적 생존력과 발전 등의 기준이 더 중요시된다. 그런데 조직의 장기적 생존력은 조직의 구조나 전략의 적절한 변화로만 보장할 수 없다.

새로운 조직구조나 전략이 최고기관장의 리더십과 갈등을 유발할 경우에 조직 구성원들의 만족도 및 의욕은 상실되고 환경적응능력이 감퇴되어 결국 조직의 장기적 생존능력이 심각한 악영향을 받게 된다. 따라서 공공조직에서 조직의 장기적인 존속과 발전을 보장하기 위해서 가장 중요한 두 가지 변수는 조직 내부의 안정과 질서가 유지되고 갈등이 최소화되며 동기유발성이 높은 결과로 얻어지는 높은 만족도이고 또 하나는 조직이 계속 존속하고 발전할 수 있도록 내·외적 상황에 융통성 있게 대처하는 적응력으로서 공공조직의 환경적응능력은 다양한 정치적·사회적 관계성 때문에 이윤이나 생산성 등과 같은 정태적인 변수만 가지고는 대응할 수 없다.

사회복지조직은 국가의 사회복지제도를 실현하는 조직으로서 사회가 필요로 하는 다양한 서비스를 제공하는 것을 목적으로 한다. 그러므로 변화되는 다양한 사회적 요구에 따라 조직에서 제공하는 서비스의 대상과 내용 역시 다양해지므로 직원들은 현장의 상황에 능동적으로 대처하여 서비스를 제공할 수 있어야 한다. 이를 효과적으로 수행하기 위해 개인적인 준비와 더불어 조직도 구조적으로 가능한 형태를 갖추어야 한다. 업무의 특성에 따라 적임자로 하여금 서비스를 기획하고 실행하도록 하는데 조직 인사 및 교육이 연구되어야 한다.

16

사랑의 산소를 만드는 삶

사람에는 두 부류의 사람이 있다고 보는데 만나면 편하고 행복하고, 기쁜 사람이 있는데 그런 사람은 산소 같은 사람이라고 본다. 반면에 만나면 부담되고 힘들고 짜증나고 불평을 듣게 되는 사람이 있는데 이는 이산화탄소 같은 사람이다. 과연 우리는 어느 부류에 속할까? 산소를 만들어 내는 것은 순수하고 소중하고 영원한 사랑이신 하나님의 사랑이다.

사랑이란 무엇이라고 보는가? 흔히들 말하듯 사랑은 아름답고 달콤하고 또는 어느 노래 가사처럼 눈물의 씨앗이라고 하기도 하며, 사전적 의미로는 좋아하는 어떤 대상에 대해 소중히 아끼고 정성을 다하며 관심을 갖고 베푸는 일이라고 한다.

사랑에 대해 많은 학자들이 정의한 것들을 살펴보면, 철학자 플라토(Plato)는 누구를 사랑한다 함은 그 사람 속에 있는 미(美)와 선(善)의 진수를 알아보는 것, 카펠라누스(Andreas Capellanus)는 사랑이란 이성(異性)의 미(美)를 보거나 너무 생각한 나머지 생겨나는 일종의 타고난 고통, 에리히 프롬(Erich Fromm)은 사랑이란 상대방의 생활과 성장에 대한 적극적인 관심이라고 하였다. 사랑은 상대방으로부터 표현되거나 표현되지 않는 욕구에 대한 자발적 반응이다. 그리고 상대방을 있는 그대로 보아 주며 그의 개성을 존중하는 태도이다.

프롬은 "인간이란 근본적으로 고독한 존재이며, 그 고독감과 공허감을 극복하기 위하여 사람은 사랑을 하는 것"이라고 주장하고 있다. 사랑의 크기는 이 세 요소의 상대적 크고 작음에 따라 우정 같은 사랑, 정열적인 사랑, 숭늉처럼 미지근하지만 그런대로 일생을 함께 늙어 가며 이루어 가는 사랑 등이 생겨난다는 것이다. 그러나 사랑은 사람마다 처한 환경이나 대상에 따라 그 의미와 방법이 모두 다르기 때문에 자기가 사랑이라고 생각하는 것이 곧 사랑인 것이 아닐까 한다.

인생에서 산소 같은 사랑을 보면, 첫째, 누구를 사랑하는 것이며, 둘째, 당신을 사랑해 주는 누군가가 있다는 것이고, 셋째, 이 두 가지가 동시에 이루어지는 것이다.

우리 그리스도인들이 이와 같이 하나님과 이와 같은 사랑을 한다면 그는 진정 산소와 같은 그리스도인이 될 것이라고 본다.

우리는 자기가 과거에 사랑받았던 방식대로 다른 사람을 사랑하기 마련이다. 그런데 각자가 사랑받은 방식이 때로는 다소 다르기 때문에, 상대방이 사랑이라고 느끼는 행동이 무엇인지를 미처 알지 못하는 때가 많다. 그것을 알려 달라고 하면, 상대방은 '엎드려 절 받기'라고 말하며 혼자 알아서 해 주기를 바란다.

그렇기 때문에 상대방과 같은 행동양식을 가지고 있지 않더라도 상대방이 선호하는 사랑의 양식을 이해하는 것, 나는 사랑을 전혀 다르게 표현하더라도 상대방이 나타내는 사랑의 행위를 인정하고 수용하는 것, 이런 것들이 성공적인 사랑을 이룰 수 있는 중요한 조건이 된다.

사랑하는 사람을 만나 가정을 이루고 아이들을 낳아 살아오면서 한 가족(가정)의 가장으로서 먼저 그 어느 때보다 진지하게 스스로를 돌아보게 된다. 그때 사랑에 푹 빠졌을 때와 지금의 나의 모습에는 과연 어떤 차이가 있는지 보아야 할 것이다.

우리의 삶 속에서 얼마나 사랑을 위해 기도하고 준비하고 실천하는지 자문해 보아야 할 것이다. 사랑은 우리 삶의 중요한 원동력이다. 그래서 그 귀한 사랑이 오염되지 않도록 우리는 끊임없이 노력해야 할 것이다. 그러기 위해서 사랑인 애정(affection)을 그리스도의 사랑을 중심으로 비추어 볼 때 다음의 일곱 가지로 사랑의 실천을 이루어야 할 것이다.

첫째, 사랑은 'care(돌봄)'이다. 누군가를 돌본다거나 누군가로부터 보호를 받는 것은 인간관계에 있어 없어서는 안 될 아주 자연스럽고 인간다운 일이라 하겠다. 주님이 우리에게 맡겨 주신 이웃과 소외된 계층을 주님이 사랑한 것과 같이 사랑하고 끊임없이 돌봄의 실천을 해야 한다.

둘째, 사랑은 'giving(나눔과 섬김)'이다. 과거에 주었다거나 미래에 줄 것이 아닌 현재 계속하여 주고 있어야 진정한 사랑이다. 여기에는 조건이 불필요하며 대가도 바라지 않다. 이미 준 것에 대해 아까워하거나 지금 주는 일에 인색하고, 더구나 앞으로 베풀 계획조차 없다면 '사랑'에 적신호가 켜진 것이다. 나는 아내가 해 주는 만큼 해 주고, 자식들에게 효도의 대가를 바라며 베푼 적은 없었는가? 이웃에게 무조건적으로 베푼 적은 얼마나 있었는가? 주님은 우리를 섬기고 사랑의 실천가로서 사셨듯이 우리도 주님의 가신 길을 배우며 따라가야 할 것이다.

셋째, 사랑은 'knowledge(지식)'이다. 돌보고 끊임없이 주는 일이 중요하나 이보다 어쩌면 그 대상(client)을 아는 일이 우선되어야 한다. 무턱대고 베푸는 일은 오히려 해가 될 수 있고 무의미한 일이 될 수 있기 때문이다. 아이들에 대해서는? 이웃에 대해서는? 아는 만큼 사랑할 수 있다.

넷째, 사랑은 'making(만드는 것)'이다. 끊임없이 함께 만들어 가는 것이 사랑이다. 자신과의 싸움을 통해 더 높고, 더 넓고, 더 깊은 차원의 사랑을 계속해서 만들어 가는 자가 사랑을 유지할 수 있고, 만드는 것은 계속 이루어져야 할 것이다. 사랑은 창조적 소수로서 새벽을 만드는 사람으로서 우리의 존재의 가치를 소중하게 보며 내 안에 있는 소중한 정체성을 가지고 나아가야 할 것이다.

다섯째, 사랑은 'respect(존경)'이다. 말도 가까운 사이일수록 경어를 써야 한다. '말이 씨가 된다'는 말이 있듯이 쉽게 행해지는 말에서부터 조심해야 한다. 말을 낮추기 시작하면 행동도 낮아지기 때문이다. 마음에서 시작되는 게 말이기에 상대를 귀하게 여기고 존경하는 마음이 중요한다. 겉과 속이 같은 것이 진정한 사랑이라 한다면, 필요도에 따라 변하지 않는 존경심을 품는 자세가 있어야 한다.

여섯째, 사랑은 'responsibility(책임감)'이다. 진정한 사랑은 진정으로 책임질 수 있어야 한다. 더구나 오늘, 지금 책임을 지어야 한다. 우리에게는 과거가 없고 내일이 없으며 오늘만큼만 살아갈 뿐이다. 미래를 바라보며 오늘, 여기서 최선을 다해야 한다. 사랑하는 마음만큼 책임질 수 있고, 책임지는 마음만큼 사랑할 수 있다.

일곱째, 사랑은 'understanding'이다. 한 번 이해하고 마는 것이 아니라 이해는 계속적인 연결선상에 있어야 한다. 더구나 내 입장에서가 아니라 클라이언트의 위치에서 이해되어야 한다. 클라이언트 위에 군림하는 것이 아닌 그 아래에서 섬기는 자세가 사랑이다.

주님은 "인자가 온 것은 섬기기 위함"이라 하십니다. 그분이 우리를 섬기는 '사랑'은 십자가에서 단 한 번 베푸신 것이 아니며 영원히 지속되는 사랑이다. 그리고 우리의 주님의 사랑으로 늘 무장하며 살아가야 한다.

가장 강한 힘은 섬기는 모습 속에서 나오며 섬김을 통해 영원한 이김이 있다. 루터는 서로 사랑하고 섬기는 사람만이 자기의 주체성을 확립한 사람이라고 한다. 교만한 사람은 사랑을 할 수 없다. 참으로 겸손한 자만이 진실한 사랑을 할 수 있다. 미래를 위하여 우리는 나 자신을 개혁해 나아가야 하며, 하나님과의 첫사랑을 잊지 말고 나아가야 한다.

사람이 사람인 이유는 미래를 생각하는 점이 동물과 다른 점이다. 사람은 또한 비전을 가지고 나아가는 존재인 것이다. 이것이 인간으로서의 가치를 만들어 낸다고 본다. 우리는 누구인가? 내 안에 있는 하나님의 형상(Image of God)을 찾아서 살아갈 때 나의 소중한 가치를 알게 된다. 무엇보다도 사랑의 산소를 만들어 내는 아름다운 삶을 기다리며……. '하나님은 사랑이시다.'

17

민 – 관의 파트너십의 필요성

정부와 NGO의 파트너십에 관한 논의는 과거에도 많이 있어 왔는데 비정부 영역과의 협력체제, 즉 '파트너십(partnership)' 개념은 '참여하는 당사자들의 대등한 권력관계를 전제로 하는 상호공조체제의 형성'을 의미한다.

파트너십에 대한 학문적 접근은 정치학·경제학·사회학 분야에서 이전부터 활발하게 진행되어 왔다. 그러나 governance에 대한 논의와 함께 파트너십에 대한 행정학적 접근은 정부가 공공서비스를 제공함에 있어서 비용을 줄이고, 서비스 수혜자에게 전달되는 효과성을 극대화시키기 위한 노력의 일환으로 시작되었다.

정부와 NGO의 파트너십 구축에 관한 정부기능에 관한 재조명으로서 '시장실패'와 '정부실패'의 극복방안으로서 등장하게 되었다. 공공서비스가 주로 정부나 공공 부문에 의하여 제공되어 온 것은 시장실패와 공익의 중요성에서 그 원인을 찾을 수 있다. 시장기구의 가장 중요한 기능은 효율적인 자원배분을 달성하는 것이다.

시장의 실패 요인 중에서도 가장 대표적인 것이 공공재의 부문을 들 수 있다. 따라서 국방, 경찰, 소방, 행정서비스, 의무교육, 도로 등을 시장기구를 통해서는 공급되기 어렵거나 비효율성이 현저하게 나타나기 때문에 국가나 지방자치단체의 공공 부문을 통해서 공급되는 것이 바람직하다고 인식되어 왔던 것이다. 즉 공공재의 필요성과 규모의 경제 및 외부효과는 공공 부문 개입 정당화의 근거가 되었고, 시장의 실패를 시정하는 역할은 당연히 정부에 기대할 수밖에 없게 되었다.

행정과 NGO의 파트너십 배경으로서 또 다른 측면은 본격적인 지방자치 실시에 따른 시민들의 적극적인 참여의 요구라고 할 수 있다. 이러한 시민참여는 전세계적인 보편적 현상이라고 할 수 있으며, 더 나아가 '인권'의 문제로까지 논의되는 것은 사람은 자율적 의사에 따라 자기의 운명에 영향을 줄 수 있는 국가나 지방자치단체의 결정에 대해서 발언할 권리를 가지고 있다는 생각이 포함되어 있는 것이다.

이와 같은 시민참여는 보다 적극적·직접적 참여의 형태를 지향하는데, 그것은 정부의 정책과정에 민주적인 참여의 보장이라는 관점으로부터 현대의 대의민주제(representative democracy)가 과연 얼마만큼 민의(民意)를 충실하게 반영하고 있는가 하는 의문으로부터 출발하고 있다. 이러한 의구심을 치유하기 위한 수단으로서 각종 압력단체 및 시민단체의 정부정책과정에의 참여, 전문가들의 정부위원회의 참여 등 직·간접적인 참여방식이 강조되어 오다가 시민사회, 사회자본(social capital)이라는 용어가 국가와 시민사회의 패러다임을 전환시키는 용어로서 사용되기에 이른다. 즉, 같은 조건이라 해도 공동체의 발전은 사회자본의 충실도에 의존한다는 것이다. 이러한 사회자본은 신뢰, 미덕 등 정성적 판단이 필요한 내용부터 정량화가 가능한 내용, 즉 자원봉사자의 수, 각종 자발적 결사단체의 수 등 그 개념 및 종류가 다양하나 이들 사회자본이 영미 등지의 선진국 사회에서는 이미 공공 부문에서의 공급자의 역할을 상당 기간 수행하여 온 것이 사실이다.

또한 20세기 중반 이후 본격화된 신사회운동의 영향으로 NGO의 역할이 더욱 강화됨에 따라 정부는 NGO와의 파트너십을 통하여 정당성을 확보하게 된다.

국가와 시민사회의 관계 재설정은 국가가 정책과정에서의 충실한 협조자를 확보하기 위한 수단으로서 행정 분야에서만 요구되는 것은 아니며, 시민의식의 성숙에 따른 비판적 자질의 향상, 자신의 권리를 더 이상 대의민주제(representative democracy)에만 의탁하지 않겠다는 시민사회의 적극적 참여욕구 증대에도 기인하는 바가 크므로 국가와 시민사회의 관계 재정립이라는 필요는 양자의 일치된 요구라고 볼 수 있다. 그 결과 공공 부문에서의 민-관의 파트너십의 필요성이 대두되고, 양자의 '공동생산(coproduction)' 방식이 보다 활성화되고 있으며, 행정의 효율성(efficiency) 및 책임성(accountability) 증대에도 기여하고 있다.

18

봉사 리더십과 자기 관리

리더십은 두 사람 이상의 성원들 간의 상호작용 관계를 내포하는 집단 현상이며, 리더십은 사람이 아닌 영향력의 행사과정으로, 이때 의도적인 영향력의 행사방향은 리더에서 추종자의 방향으로 작용하는 것이다. 또한, 리더십의 결과는 목적 달성의 용어로 정리된다는 것 등이다.

봉사의 리더십과 자기 관리를 위해서는 책임감을 통하여 임무를 수행해야 할 것이다. 또한 안정과 자기 단련이 필요하다고 본다. 자기 단련을 통하여 나눔과 섬김 그리고 봉사를 실천해야 할 것이다. 가장 먼저 이끌어야 할 사람은 바로 자신이다.

가장 으뜸 되는 승리는 자신을 정복하는 것이다. 섬김은 리더십과 자기 관리에 매우 필요하다고 본다. 머리가 되려거든 남을 우선으로 생각해야 한다. 자신의 위치보다 자신의 사람들을 사랑해야만 한다. 그리고 배우려는 자세가 필요하다. 계속 이끌기 위해서는 계속 배워야 한다. 배우려는 자세란 모든 중요한 것을 안 뒤에 배우는 것이다.

또한 비전을 가져야 한다. 오직 볼 수 있는 것만을 잡을 수 있다. 자신의 비전을 성취하는 위대한 리더의 용기란 위치가 아닌 열정에서 오는 것이다. 봉사의 삶으로서 리더의 삶을 살고 싶다면 비전은 안에서 시작한다는 것을 명심해야 한다.

나눔과 섬김의 리더십은 과연 무엇으로 이룰 수 있을까? 그 열쇠는 바로 진정한 나눔과 섬김의 사랑에 있다고 본다.

첫째, 사랑은 'care(돌봄)'이다. 누군가를 돌본다거나 누군가로부터 보호를 받는 것은 인간관계에 있어 없어서는 안 될 아주 자연스럽고 인간다운 일이라 하겠다.

둘째, 사랑은 'giving(나눔과 섬김)'이다. 과거에 주었다거나 미래에 줄 것이 아닌 현재 계속하여 주고 있어야 진정한 사랑이다. 여기에는 조건이 불필요하며 대가도 바라지 않는다.

셋째, 사랑은 'knowledge(지식)'이다. 돌보고 끊임없이 주는 일이 중요하나 이보다 어쩌면 그 대상(client)을 아는 일이 우선되어야 한다. 무턱대고 베푸는 일은 오히려 해가 될 수가 있고 무의미한 일이 될 수 있기 때문이다.

넷째, 사랑은 'making(만드는 것)'이다. 끊임없이 함께 만들어 가는 것이 사랑이다.

자신과의 싸움을 통해 더 높고, 더 넓고, 더 깊은 차원의 사랑을 계속해서 만들어 가는 자가 사랑을 유지할 수 있고, 만드는 것은 계속 이루어져야 할 것이다.

다섯째, 사랑은 'respect(존경)'이다. 말도 가까운 사이일수록 경어를 써야 한다. 말을 낮추기 시작하면 행동도 낮아지기 때문이다. 마음에서 시작되는 게 말이기에 상대를 귀하게 여기고 존경하는 마음이 중요하다.

여섯째, 사랑은 'responsibility(책임감)'이다. 진정한 사랑은 진정으로 책임질 수 있어야 한다. 더구나 오늘, 지금 책임을 지어야 한다. 우리에게는 과거가 없고 내일이 없으며 오늘만큼만 살아갈 뿐이다. 미래를 바라보며 오늘, 여기서 최선을 다해야 한다. 사랑하는 마음만큼 책임질 수 있고, 책임지는 마음만큼 사랑할 수 있다.

일곱째, 사랑은 'understanding(이해)'이다. 한 번 이해하고 마는 것이 아니라 이해는 계속적인 연결선상에 있어야 한다. 더구나 내 입장에서가 아니라 클라이언트의 위치에서 이해되어야 한다. 클라이언트 위에 군림하는 것이 아닌 그 아래에서 섬기는 자세가 사랑이다. 가장 강한 힘은 섬기는 모습 속에서 나온다. 루터는 서로 사랑하고 섬기는 사람만이 자기의 주체성을 확립한 사람이라고 하였다. 참으로 겸손한 자만이 진실한 사랑을 할 수 있다. 미래를 위하여 우리는 나 자신을 개혁해 나아가야 한다. 이렇게 될 때 나눔과 섬김의 리더십(diakonia leadership)을 통하여 파워 리더십(power leadership)과 자기 관리가 이루어질 것이다.

19

세상 속에서의 리더

리더십의 3대 기본 요소는 지도자, 추종자, 상황이다. 기독교적 리더십도 이 세 가지 요소를 다 가지고 있다. 그러나 기독교적 리더십은 그 목적부터가 세속적인 기업이나 정치단체의 리더십과 구별된다. 기독교의 리더십은 그 기초가 성경에서 비롯되어야 하며 인간사회를 넘어서서 예수 그리스도에 의해 평가받아야 한다.

미국 훌러 신학교의 지도자학 교수인 R. Klinton 박사가 기독교적 의미로 정의한 리더십 이론에 의하면 지도자란 첫째, 하나님의 능력을 받아 둘째, 영향을 끼치라는 하나님의 사명을 가지고 셋째, 일단의 하나님 백성의 그룹을 넷째, 하나님의 뜻대로 나아가게 하는 사람이라고 정의하였는데 기독교적 지도자는 무엇보다도 하나님 중심적이며 그 중심적 윤리가 하나님의 목적을 이루도록 영향을 미치게 하는 데 있다. 하나님의 사람으로서 하나님의 뜻과 주권에 자발적으로 순복하는 자이다. 지도자 자신이나 그가 인도하는 그룹의 유익보다 그 그룹, 혹은 공동체에 향하신 하나님의 목적을 이루도록 지도하는 것이 기독교적 리더의 사명이다.

기독교적 리더는 '하나님이 주신 능력'으로 일하며, '하나님이 주신 책임'을 이루는 일이다. 기독교적 리더십은 일단의 그룹에 대해 지속적인 영향을 미치는 행위이다. 그 그룹은 대개 '하나님의 백성'인데 지도자가 책임져야 하며 무엇보다도 그 그룹을 향한 하나님의 목적을 분별해야 할 책임이 있다. 기독교적 리더십의 궁극적 목적은 하나님의 뜻을 이루는 데 있다.

예수님께서 우리에게 요구하시는 가장 중요한 가르침은 이웃사랑이라고 할 수 있을 것이다. 이웃사랑은 아주 넓은 개념이고, 다양한 방법들을 통해서 이웃사랑을 실천할 수 있을 것이다. 그러나 예수님께서 이웃사랑의 중요한 방법으로 이웃에 대한 리더십을 요구하고 있음을 발견하게 된다.

기독교적 리더는 세상을 이끌어 가야 할 존재이다. 그러므로 세상에 대해서 리더십을 발휘해야 하는 이유는 이웃사랑의 방법으로서 리더십이 요구된다고 보는 것이다. 리더십은 집단적 기능의 하나로 집단 구성원으로 하여금 집단의 목표를 달성하도록 하는 것이란 정의를 적용해 보면 기독교인은 어떤 것이 바른 것이고 세상이 나아갈 바가 무엇인지 목표를 먼저 분명히 알고 있는 사람들이라고 볼 때 세상으로 하여금 그 목표를 향해서 나가도록 리더십을 발휘해야 된다고 본다. 진정한 리더는 옳은 길을 제시해 주어서 같이 가게 만들 수 있는 자가 아닌가 생각한다면 성경의 예레미야와 요나를 본다면 좁게 교회 안에서만 리더십을 생각하면 안 된다.

기독교인들은 교회 안에서의 리더십이 분명히 있다. 그러나 교인들은 그것으로 역할이 끝나는 것이 아니라 동일한 원리를 갖고 세상 밖으로 나가서 그야말로 빛과 소금의 역할을 하기 위해 리더십이 필요하다. 세상에는 빛을 발휘해서 어두움을 밝혀 주어야 하는 부분이 먼저 깨달은 자에게 분명히 있다. 그러한 부분에서 기독교적 리더십이 필요하고, 또 하나는 소금과 같은 역할이 필요한데 세상이 이미 썩은 것이 아니고 구석구석 사랑, 봉사, 희생이 많이 살아 있는데 이런 자생적인 것들이 썩지 않도록, 보존되고 유지되게 하기 위해 기독교적 정신이 같이 가야 한다.

20

노인문제와 교회 사역

　노인이라는 개념은 노령화 과정에 있는 사람을 의미한다. 노령화(aging)는 생리적 노화과정, 사회제도에서 자기 역할 상실, 관계 상실의 삶, 무능력으로 표시되는 존엄성의 상실, 불가피한 소외나 고독의 삶, 죽음의 현실에 직면하는 존재 등 심리, 사회, 철학, 생리 등의 복합적 개념을 나타내고 있다. 특별히 모든 사람이 죽음에 직면해야 한다는 사실에서 노인의 문제는 종교적 관심사가 될 수밖에 없다. 결국 노인문제는 노령기를 60~80세까지 간주한다고 해도 그 문제의 성격이 위기의 측면을 나타내고 있음이 확실하다. 그 위기의 성질을 세 가지로 요약한다면, 첫째, 의미의 문제, 둘째, 귀속감의 문제, 셋째, 자기 정체에 대한 문제로 본다. 주목해야 할 사실은 노령기가 진행됨에 따라 위기의 정도는 심화되고 결국 죽음이라는 현실에서 종결될 때 '승리의 한평생'으로 이 세상을 마치게 하는 데도 종교의 역할이 절대로 필요하다.

　미국의 여러 연구에 의하면 종교(특히 기독교)를 갖고 있는 노인이 그렇지 않은 노인보다 심리사회 적응이 잘되고 있는 것이라는 연구 발표가 1960년대에 있었다. 그 이유는 죽음에 대한 무의식적 공포를 야기하는 죄의식을 해결하며, 이 세상에서 노인의 삶 속에 하나님의 목적이 있다는 사실과 하나님 나라를 이룩하려는 이 세상에서 자신이 유용하다는 사실을 알기 때문인 것으로 나타났다.

데이비드 모버그(David O. Moberg)의 연구에 의하면 믿는 노인들은 미래의 천국, 죄의 사실과 사죄함의 확신, 온전한 하나님의 말씀으로서의 성경, 예수님이 구주로 우리 구원의 대속자가 되심, 기도의 응답을 믿는다는 사람이 그렇지 않은 사람보다 사회적응도 점수가 높았다. 또한, 조지 로우톤(George Lawton)이 50명의 노인들과 면접한 결과 '영혼의 건강, 신에 대한 신뢰'가 신체적 건강을 제외하고 노령기 삶의 만족의 두 번째 요인으로 나타났다. 이 외에 교회에 출석하고 교회활동을 하는 노인이 그렇지 않은 노인보다 생활 만족도가 높은 것으로 나타났다.

일반 사회복지기관에서 실시하는 노인복지사업과 교회에서 실시하는 노인복지사업의 유사성과 차별성을 인식하는 것은 교회 사회봉사의 효능성과 독특성 그리고 보완성이라는 측면에서 중요할 뿐만 아니라, 선교의 목적과 사회복지의 과정을 통합한다는 차원에서도 중요한 의미를 지닌다고 본다.

성서 속에서 우리가 노인을 위한 교회복지를 위해 힘써야 할 이유를 찾아볼 수 있는데, 성서는 우리에게 노인을 공경의 대상으로 이해시키고 있다. 부모에게 순종, 효도하고 노인을 공경하는 것은 하나님께서 기뻐하시는 일 가운데 가장 으뜸이다. 이것은 자녀들이 축복받고 장수하는 비결이다. 부모로서는 시부모와 장인·장모의 구별이 없다. 부모에게 불효하거나 노인을 공경치 않는 죄는 하나님께서 용서하지 않으신다. 우리가 지켜야 할 십계명 중 다섯 번째 계명은 부모를 공경할 것을 말하고 있고, 부모에게 순종하고 효도함으로써 자녀들은 복을 받고 장수할 것을 기록하고 있다.

뿐만 아니라 성서는 노인들이 지혜의 상징임을 말하고 있다. 사람의 나이는 지혜를 얻게 하는 것이니 노인을 사회로부터 격리시켜 고독하게 지내도록 할 게 아니라 존경하고, 훈계를 경청하고, 그 지혜를 배워야 한다. 노인이 창의성과 잠재력을 개발하여 후손들에게 영적인 상담자가 될 수 있도록 환경을 조성해야 한다. 노인도 단지 나이가 많은 것만으로도 축복일 수 없고, 하나님에 대한 믿음과 순종 아래 의인의 삶을 살며, 후손을 위해 사랑을 베풀고, 가정과 나라를 위해 기도해야 한다. 신명기 32:7을 보면 "옛날을 기억하라 역대의 연대를 생각하라 네 아비에게 물으라 그가 네게 설명할 것이요 네 어른들에게 물으라 그들이 네게 이르리로다"라고 기록되어 있다. 즉 우리는 노인들에게 끊임없이 질문하고 답을 얻어 지혜를 배워야 한다는 것이다. 지혜가 있는 노인은 신체적으로는 무기력하나 가르치는 위치에 있다. 그들은 교회 내에서 교육적 사명을 가지고 있다.

교회는 노인복지 사업을 실시하면서 그것을 전도의 매개체로 활용할 수 있다. 교회에 출석하는 노인은 물론 교회에 출석하지 않는 지역사회의 노인을 위한 복지사업을 순수한 마음으로 진행시킬 때 교회는 사회봉사를 통하여 사회적 책임을 수행한다는 인식을 지역 내에 심어 줄 수 있고, 교회를 통하여 여러 가지 도움을 받은 노인들의 경우 예수 사랑을 통하여 교회와 가까워질 수 있는 기회를 얻게 되는 것이다.

NGO로서 교회와 지역사회의 관계

교회와 지역사회와의 관계는 지역사회 공동체에서 매우 중요하다고 할 수 있다. 이는 교회가 지역사회에 속해 있으면서 지역사회에 대한 책임을 가지고 있다는 것이다. 또한 하나님은 교회만이 아니라 이 세상도 여전히 사랑하고 있기 때문이다. 또한 "너희는 세상의 소금이라", "너희는 세상의 빛이라"고 주님께서 명령하심과 동시에 우리는 이를 아름답게 보전하는 책임이 그리스도인에게 있음으로 알 수 있다. 그렇기에 세상은 교회가 대치해야 할 적대적인 관계가 아니다.

교회는 이 세계에 하나님의 나라가 이룩되도록 하는 전위대 역할을 해야 하는 것이다. 교회는 끊임없이 상호영향, 상호교환적인 작용을 통해서 존재한다는 하나의 생명체인 것이다. 이와 같은 관점에서 볼 때 교회는 지역사회의 개인, 가족, 집단, 조직체의 건강한 삶을 확보하고 유지하게 하며 향상시키게 하기 위해 다양한 기능을 수행해야 한다. 교회가 지역사회교회로서 가야 할 방향은 다음과 같다.

첫째, 교회는 지역사회와 연결을 강화해야 한다. 교인들이 지역사회 각종 공사 기반의 이사회, 자문기구, 위원회와 관련을 맺어 지역사회의 욕구와 문제를 수렴하고 교회의 지원방안을 강구한다.

둘째, 교회는 지역사회를 대변한다. 지역주민의 각종 행사에 교회 대표를 파견하며 그 문제에 교회가 관심을 표명하되 특히 가난하고 소외된 자들의 자활을 돕고 필요한 경우 그들의 의견을 대변할 수 있는 지역사회 센터로서의 역할을 수행한다.

셋째, 교회는 지역사회를 향해 문을 열어 놓는다. 지역사회의 다양한 집단들이 교회 자원 특히 교회 건물의 일부를 사용할 수 있도록 교회 문을 개방한다. 공간 여유가 있으며 사회복지 및 공익기반에 교회 일부를 무료로 대여할 수도 있고 필요시에 학문, 문화, 예술 행사에 교회를 빌려 주고 물적 및 인적자원을 후원해야 한다. 교회가 지상에서 궁극적으로 지향하는 바는 물질적으로 적절하고 도덕적으로 건전하고 정신적으로 완전한 인간을 만드는 일인데 그러한 인간은 바로 지역사회와의 연결성 속에서 발견될 수 있기 때문이다.

다시 말해 교회는 지역사회와 지역주민들의 욕구 및 문제가 있는 곳에 해결책을 제시해야 한다. 또 목회 영역을 분야별로 전문화하여 교회가 체계적이고 조직적으로 활용되어야 한다. 그리하여 실천적 삶을 통해 그리스도의 사랑을 증거토록 해야 하며, 지역사회의 상담센터가 되어 지역사회복지관이 되어야 한다. 교회 내뿐 아니라 교회 밖의 모든 사람들의 필요를 채워 주며 공동체의 관계를 정상화시키는 것이 교회의 사명이 되어야 한다.

기독교 시민운동은 의료봉사활동과 함께 문화계몽운동에 초점을 두고 시작한 이래, 19세기 말에 이르러 YMCA운동이나 독립협회 등에서 작은 결실을 맺게 되었다. 최근 기독교 시민운동의 사례들을 본다면 기독교 윤리실천운동, 교회갱신운동, 기독교 사회복지 참여연대, 민족통일 복음화 운동 등 다양하다. 이러한 기독교 시민운동들이 추진되는 과정에 나타난 특징으로는 첫째, 기독교가 일반 시민들로부터 신뢰를 굳건히 하는 데 일조를 하였으며 둘째, 교회의 특수한 상황하에서 이슈로 대두되는 교회세습문제 등 첨예한 문제를 교회 스스로 해결하고자 하는 교회적 합의를 도출하려고 노력하고 있으며, 셋째, 출소자 및 비행청소년들의 재사회화 문제, 탈북자의 사회적응 지원사업 및 고령화 사회에 따른 노인복지문제 등 다양한 기독교 시민활동을 통하여 많은 시민들로부터 동조를 얻고 있다는 점이다. 더 나아가 세계기독교 시민운동을 살펴보면 세계선교와 같은 맥락을 유지하면서 각 국가의 국내문제에 대한 기독교의 대처활동, 특수한 지역의 기독교 시민운동 및 사회사업 등 이루 말할 수 없이 많다.

교회란 그리스도인의 모임이며 그리스도인들은 교회를 통해 하나님의 사역에 참여하게 된다. 봉사나 섬김으로 해석되는 Diakonia의 진정한 의미는 치유와 화목의 행위라는 뜻이다. 즉 상처를 싸매고 갈라진 틈을 메우며, 공동체의 건강을 회복시키는 행위로서 선한 사마리아인의 행위는 Diakonia의 가장 좋은 예이다.

교회의 사회적 책임은 크게 사회봉사와 사회행동으로 대별된다. 사회봉사는 구제와 노력봉사를 의미하며, 사회행동이란 인간을 비인간화시키는 사회제도의 변화를 추구하는 활동을 의미한다. 만약 개인의 문제가 불합리한 사회환경에서 일어난다면 이의 해결을 위해서는 그 환경에 직접 개입하여 사회의 구조적 변화를 가져올 수 있는 행동이 필요하다.

그리스도인은 자신의 개인적 생활만 경건하게 살면 되는 것이 아니라 하나님의 기준에 맞는 정의와 공평이 실현되는 사회가 될 수 있도록 비판적인 삶을 살아야 하며, 교회는 개인적인 사회활동을 보다 많이 담당해야 하는 것이다. 급변하는 시대와 사회 속에서 선교 21세기를 향하고 있는 한국기독교의 시대적 사명과 역할을 지역사회에서 연대하여 진행하고 있는 NGO단체들과 함께 교회의 기능을 Diakonia라는 입장에서 나눔과 섬김을 통해 교회의 사회적 책임을 완수해 나아갈 때 한국교회의 자원이 사회복지를 위해 참여의 역할을 할 수 있다고 본다.

22

복지자원체계의 통합 Network

오늘날 선진 산업 국가들은 모두가 자신의 공적 노인지원체계의 생존 가능성을 위협하는 문제, 즉 노령인구의 증대라는 문제에 봉착해 있고 이 문제는 점점 더 심각해져 가고 있다. 2020년에는 고령 사회가 될 것이라고 매스컴은 계속 보도하고 있다. 더구나 노동시장 침체와 사회보장제도의 재정위기를 겪고 있는 한국의 현실은 노인복지재원을 정부재정, 기부금, 수혜자 부담금 등으로 조달하고 있다.

노인인구의 상대적·절대적 증가와 산업화의 과정에서 경제·사회적 자원의 미약으로 인한 노인문제는 그 심각성을 날로 더해 가고 있다. 예전에는 노인들이 가족이라는 테두리 안에서 정성어린 보호와 존경을 받으며 생활해 왔지만 이제 가족뿐 아니라 국가와 사회로부터 적절한 보호와 지원이 필요하게 되었다.

경제적·신체적 측면 외에 이제는 정신적·사회적 서비스로까지 노인복지욕구가 확대되어 매우 다양하게 나타나고 있다. 이렇게 복잡하고 분화된 사회조직, 다양한 서비스욕구, 정부재정의 압박, 시민의 자발성과 참여욕구의 증대 등과 같은 문제를 안고 있는 현시대에는 정부가 단독으로 사회문제 해결을 위한 복지서비스 제공은 불가능하다.

이를 포용할 수 있는 신축적인 제도로서 비정부조직(Non Governmental

Organization)의 참여가 요구된다. 특히, 한국노인욕구의 20%에도 미치지 못하는 정부기관(Governmental Organization)의 노인복지수혜정책이 고령사회인 2020년이 될 때까지 과연 얼마만큼 증가하게 될 것인가라는 물음과 함께 민간의 복지 참여에 대한 중요성과 필요성을 더욱 증대시키고 있다.

우리 사회에 비정부조직(Non Governmental Organization)의 부상은 1980년대 후반에 이르러 빠르게 성장하였다. 그 후 서비스 전달체계에서 국가의 직접적인 서비스 전달보다는 국가의 재정지원을 통한 비영리 민간단체에 의한 서비스 전달체계를 구축하려 했다. 정부의 기능 축소로 가족과 기업, 지역사회, 종교 등 민간 부문의 역할 확대가 일어난 데에는 역사적으로 종교적 자선단체나 지역공동체조직에 의해 출현하였다고 볼 수 있다.

우리 사회 노인층은 교육수준이나 경제력에 있어서 현재의 노인인구보다는 월등한 조건을 지니게 될 것이다. 아울러 노인들이 여가운동, 문화활동, 경제활동 및 사회활동 등으로 적극적인 삶을 영위하고자 하는 욕구도 매우 강해지고 다양해질 것이다. 이에 대한 장기적이고 다양한 사회적 개입요구에 부응하기 위해 현재 누적되어 온 국가자원 부족의 한계를 감안하여 한국 종교계의 사회적 역할 강화, 즉 민간 부문으로서 종교의 역할 강화와 사회복지계와의 연계를 통한 다양한 접근방법과 정부와 민간 간의 서비스 공급체계에 대한 논의가 요구되고 있다.

우리나라 전 인구의 반 이상을 차지하고 있는 종교계는 많은 자원과 잠재력을 가지고 있고 다양한 사회복지활동을 전개하고 있다. 특히, 기독교회는 선교 초기부터 사회복지활동의 대부분을 수행하여 왔다.

한국사회의 21세기는 고령화 사회(Aging Society)에서 고령 사회(Aged Society)로 진입하는 시기에 있다. 하지만 우리 사회는 노인인구의 급증에도 불구하고 이들에 대한 사회복지제도가 아직 적절한 수준으로 정비되지 않은 상태이다.

선진국처럼 노인을 위한 사회보장제도가 마련되지 못한 우리나라는 사회복지체계가 취약하고 가족 부양의 기능이 약화되는 상황에서 고령화 사회(Aging Society)에서 고령 사회(Aged Society)로의 이행은 노인의 삶의 질에 심각한 위기와 도전을 주게 된다. 이런 상황에서 노인 부양의 책임을 단순히 개인과 가족의 몫으로 돌리는 일은 현실적으로 많은 문제점을 초래하기 마련이다.

또한 국가(Governmental Organization)가 노인문제를 사회적 책임으로 돌리고 정책적으로 노인복지문제를 해결하는 것도 한계점이 드러난다. 정부 위주의 공적 서비스 기능을 보다 효율적으로 수행하는 대안 모형이자, 세계화 프로젝트를 위한 중심 세력인 비정부조직(Non Governmental Organization)도 사회에 대한 책임성이 강조되고 있다.

23

지역사회로서의 교회와 섬김 사역

교회와 지역사회와의 관계는 지역사회 공동체에서 매우 중요하다고 할 수 있다. 이는 교회가 지역사회에 속해 있으면서 지역사회에 대한 책임을 가지고 있다는 것이다. 또한 하나님은 교회만이 아니라 이 세상도 여전히 사랑하고 있기 때문이다. 또한 "너희는 세상의 소금이라", "너희는 세상의 빛이라"고 주님께서 명령하심과 동시에 우리는 이를 아름답게 보전하는 책임이 그리스도인에게 있음으로 알 수 있다. 그렇기에 세상은 교회가 대치해야 할 적대적인 관계가 아니라 이 세계에 하나님의 나라가 이룩되도록 하는 전위대 역할을 해야 하는 것이다. 교회는 끊임없이 상호영향, 상호교환적인 작용을 통해서 존재한다는 하나의 생명체인 것이다. 이와 같은 관점에서 볼 때 교회는 지역사회의 개인, 가족, 집단, 조직체의 건강한 삶을 확보하고 유지하게 하며 향상시키기 위해 다양한 기능을 수행해야 한다. 교회가 지역사회교회로서 가야 할 방향은 다음과 같다.

첫째, 교회는 지역사회와 연결을 강화해야 한다. 교인들이 지역사회 각종 공사 기반의 이사회, 자문기구, 위원회와 관련을 맺어 지역사회의 욕구와 문제를 수렴하고 교회의 지원방안을 강구한다.

둘째, 교회는 지역사회를 대변한다. 지역주민의 각종 행사에 교회 대표를 파견하며 그 문제에 교회가 관심을 표명하되 특히 가난하고 소외된 자들의 자활을 돕고 필요한 경우 그들의 의견을 대변할 수 있는 지역사회 센터로서의 역할을 수행한다.

셋째, 교회는 지역사회를 향해 문을 열어 놓는다. 지역사회의 다양한 집단들이 교회 자원 특히 교회 건물의 일부를 사용할 수 있도록 교회 문을 개방한다. 공간 여유가 있으며 사회복지 및 공익기반에 교회 일부를 무료로 대여할 수도 있고 필요시에 학문, 문화, 예술 행사에 교회를 빌려 주고 물적 및 인적자원을 후원해야 한다. 교회가 지상에서 궁극적으로 지향하는 바는 물질적으로 적절하고 도덕적으로 건전하고 정신적으로 완전한 인간을 만드는 일인데 그러한 인간은 바로 지역사회와의 연결성 속에서 발견될 수 있기 때문이다.

다시 말해 교회는 지역사회와 지역주민들의 욕구 및 문제가 있는 곳에 해결책을 제시해야 한다. 또 목회 영역을 분야별로 전문화하여 교회가 체계적이고 조직적으로 활용되어야 한다. 그리하여 실천적 삶을 통해 그리스도의 사랑을 증거토록 해야 하며, 지역사회의 상담센터가 되어 지역사회복지관이 되어야 한다. 교회 내뿐 아니라 교회 밖의 모든 사람들의 필요를 채워 주며, 공동체의 관계를 정상화시키는 것이 교회의 사명이 되어야 한다.

교회란 그리스도인들의 모임이며 그리스도인들은 교회를 통해 하나님의 사역에 참여하게 된다. 그러므로 교회가 하나님의 뜻을 구체적으로 실현할 장은 지역사회라고 할 수 있다. 즉, 섬김을 통한 사회적 선교는 교회에 맡겨진 중대한 사명의 하나이며 특히 우리나라처럼 급속한 산업화로 인한 각종 사회문제가 팽배되어 있는 사회에서 문제해결을 위한 촉매자로서 교회의 역할은 매우 크다고 하겠다.

한국교회는 교회의 사명을 Diakonia의 입장에서 NGO의 기능으로 보는 시각의 새로운 전환과 함께 시대적인 요청에 부응하는 교회의 모습으로 바뀌어야 한다. 따라서 교회가 그 지역사회를 섬기는 것이 선교를 위한 수단이 아니라 그 자체가 교회의 본질적인 기능이 되어야 하는 것이다. 봉사나 섬김으로 해석되는 Diakonia의 진정한 의미는 치유와 화목의 행위라는 뜻이다. 상처를 싸매고 갈라진 틈을 메우며, 공동체의 건강을 회복시키는 행위로서 선한 사마리아인의 행위는 Diakonia의 가장 좋은 예이다. 만약 개인의 문제가 불합리한 사회환경에서 일어난다면 이 문제의 해결을 위해서는 그 환경에 직접 개입하여 사회의 구조적 변화를 가져올 수 있는 행동이 필요하다. 그리스도인은 자신의 개인적 생활만 경건하게 살면 되는 것이 아니라 하나님의 기준에 맞는 정의와 공평이 실현되는 사회가 될 수 있도록 비판적인 삶을 살아야 하며, 교회는 개인적인 사회활동에서 보다 더 폭넓은 지역사회를 향한 섬김을 담당해야 하는 것이다.

교회의 사회복지 참여는 예수 그리스도의 계명으로부터 기인한다. 이 계명은 '하나님을 사랑하고 이웃을 사랑하라'는 기독교 계명의 핵심적 기초를 이룬다. 참된 사랑은 인간의 전인적 구원(영적, 육체적, 사회적)을 목표로 하여 이의 실현이 기독교 사회복지 참여의 가장 중요한 이념이라 할 수 있겠다.

따라서 교회는 지역사회의 교회로서 진정한 나눔과 섬김의 열쇠는 바로 예수 그리스도의 사랑에 있다. 루터는 서로 사랑하고 섬기는 사람만이 자기의 주체성을 확립한 사람이라고 하였다. 사랑의 가장 강한 힘은 섬기는 모습 속에서 나온다. 참으로 겸손한 자만이 진실한 사랑을 할 수 있다. 급변하는 시대와 사회 속에서 선교 21세기를 향하고 있는 한국기독교의 시대적 사명과 역할을 지역사회에서 연대하여 진행하고 있는 NGO단체들과 함께 교회의 기능을 Diakonia라는 나눔과 섬김을 통해 교회의 사회적 책임을 완수해 나아가며 섬김의 사역을 진행하여 나아갈 때 한국교회는 지역사회의 교회로서 지역사회의 필요를 채워 주고, 그들의 아픔과 함께 동참할 수 있는 열린 교회로서의 사명을 다할 것이다.

24

노인복지목회의 비전

　노인이라는 개념은 노령화 과정에 있는 사람을 의미한다. 노령화(aging)는 생리적 노화과정, 사회제도에서 자기 역할 상실, 관계 상실의 삶, 무능력으로 표시되는 존엄성의 상실, 불가피한 소외나 고독의 삶, 죽음의 현실에 직면하는 존재 등 심리, 사회, 철학, 생리 등의 복합적 개념을 나타내고 있다. 특별히 모든 사람이 죽음에 직면해야 한다는 사실에서 노인의 문제는 종교적 관심사가 될 수밖에 없다. 결국 노인문제는 노령기를 60~80세까지 간주한다고 해도 그 문제의 성격이 위기의 측면을 나타내고 있음이 확실하다. 그 위기의 성질을 세 가지로 요약한다면, 첫째, 의미의 문제, 둘째, 귀속감의 문제, 셋째, 자기 정체에 대한 문제로 본다. 주목해야 할 사실은 노령기가 진행됨에 따라 위기의 정도는 심화되고 결국 죽음이라는 현실에서 종결될 때 '승리의 한평생'으로 이 세상을 마치게 하는 데도 종교의 역할이 절대로 필요하다.

　미국의 여러 연구에 의하면 종교(특히 기독교)를 갖고 있는 노인이 그렇지 않은 노인보다 심리사회 적응이 잘되고 있는 것이라는 연구 발표가 1960년대에 있었다. 그 이유는 죽음에 대한 무의식적 공포를 야기하는 죄의식을 해결하며, 이 세상에서 노인의 삶 속에 하나님의 목적이 있다는 사실과 하나님 나라를 이룩하려는 이 세상에서 자신이 유용하다는 사실을 알기 때문인 것으로 나타났다.

데이비드 모버그(David O. Moberg)의 연구에 의하면 믿는 노인들은 미래의 천국, 죄의 사실과 사죄함의 확신, 온전한 하나님의 말씀으로서의 성경, 예수님이 구주로 우리 구원의 대속자가 되심, 기도의 응답을 믿는다는 사람이 그렇지 않은 사람보다 사회적응도 점수가 높았다. 또한, 조지 로우톤(George Lawton)이 50명의 노인들과 면접한 결과 '영혼의 건강, 신에 대한 신뢰'가 신체적 건강을 제외하고 노령기 삶의 만족의 두 번째 요인으로 나타났다. 이 외에 교회에 출석하고 교회활동을 하는 노인이 그렇지 않은 노인보다 생활 만족도가 높은 것으로 나타났다.

일반 사회복지기관에서 실시하는 노인복지사업과 교회에서 실시하는 노인복지사업의 유사성과 차별성을 인식하는 것은 교회 사회봉사의 효능성과 독특성 그리고 보완성이라는 측면에서 중요할 뿐만 아니라, 선교의 목적과 사회복지의 과정을 통합한다는 차원에서도 중요한 의미를 지닌다고 본다.

성서 속에서 우리가 노인을 위한 교회복지를 위해 힘써야 할 이유를 찾아볼 수 있는데, 성서는 우리에게 노인을 공경의 대상으로 이해시키고 있다. 부모에게 순종, 효도하고 노인을 공경하는 것은 하나님께서 기뻐하시는 일 가운데 가장 으뜸이다. 이것은 자녀들이 축복받고 장수하는 비결이다. 부모로서는 시부모와 장인·장모의 구별이 없다. 부모에게 불효하거나 노인을 공경치 않는 죄는 하나님께서 용서하지 않으신다. 우리가 지켜야 할 십계명 중 다섯 번째 계명은 부모를 공경할 것을 말하고 있고, 부모에게 순종하고 효도함으로써 자녀들은 복을 받고 장수할 것을 기록하고 있다.

뿐만 아니라 성서는 노인들이 지혜의 상징임을 말하고 있다. 사람의 나이는 지혜를 얻게 하는 것이니 노인을 사회로부터 격리시켜 고독하게 지내도록 할 게 아니라 존경하고, 훈계를 경청하고, 그 지혜를 배워야 한다. 노인이 창의성과 잠재력을 개발하여 후손들에게 영적인 상담자가 될 수 있도록 환경을 조성해야 한다. 노인도 단지 나이가 많은 것만으로도 축복일 수 없고, 하나님에 대한 믿음과 순종 아래 의인의 삶을 살며, 후손을 위해 사랑을 베풀고, 가정과 나라를 위해 기도해야 한다. 신명기 32:7을 보면 "옛날을 기억하라 역대의 연대를 생각하라 네 아비에게 물으라 그가 네게 설명할 것이요 네 어른들에게 물으라 그들이 네게 이르리로다"라고 기록되어 있다. 즉 우리는 노인들에게 끊임없이 질문하고 답을 얻어 지혜를 배워야 한다는 것이다. 지혜가 있는 노인은 신체적으로는 무기력하나 가르치는 위치에 있다. 그들은 교회 내에서 교육적 사명을 가지고 있다.

교회는 노인복지 사업을 실시하면서 그것을 전도의 매개체로 활용할 수 있다. 교회에 출석하는 노인은 물론 교회에 출석하지 않는 지역사회의 노인을 위한 복지사업을 순수한 마음으로 진행시킬 때 교회는 사회봉사를 통하여 사회적 책임을 수행한다는 인식을 지역 내에 심어 줄 수 있고, 교회를 통하여 여러 가지 도움을 받은 노인들의 경우 예수 사랑을 통하여 교회와 가까워질 수 있는 기회를 얻게 되는 것이다.

25

함께 만들어 가는 복지사회

한국은 세계에서 유례가 없을 만큼 급속한 속도로 고령화를 경험하고 있다. 이는 비단 우리나라에 국한된 문제가 아니라 세계가 지금 전례 없는 인구변화를 겪고 있는 공통적인 문제이다. 오늘날 선진 산업국가들은 모두가 자신의 공적 노인지원체계의 생존 가능성을 위협하는 문제, 즉 노령인구의 증대라는 문제에 봉착해 있고 이 문제는 점점 더 심각해져 가고 있다.

노인인구의 상대적·절대적 증가와 산업화의 과정에서 경제·사회적 자원의 미약으로 인한 노인문제는 그 심각성을 날로 더해 가고 있다. 예전에는 노인들이 가족이라는 테두리 안에서 정성어린 보호와 존경을 받으며 생활해 왔지만 이제 가족뿐 아니라 국가와 사회로부터 적절한 보호와 지원이 필요하게 되었다.

경제적·신체적 측면 외에 이제는 정신적·사회적 서비스로까지 노인복지욕구가 확대되어 매우 다양하게 나타나고 있다. 이렇게 복잡하고 분화된 사회조직, 다양한 서비스욕구, 정부재정의 압박, 시민의 자발성과 참여욕구의 증대 등과 같은 문제를 안고 있는 현시대에는 정부가 단독으로 사회문제 해결을 위한 복지서비스 제공은 불가능하다. 이를 포용할 수 있는 신축적인 제도로서 비정부조직(Non Governmental Organization)

의 참여가 요구된다.

우리 사회에 비정부조직(Non Governmental Organization)의 부상은 1980년대 후반에 이르러 빠르게 성장하였다. 그 후 서비스 전달체계에서 국가의 직접적인 서비스 전달보다는 국가의 재정지원을 통한 비영리민간단체에 의한 서비스 전달체계를 구축하려 했다. 정부의 기능 축소로 가족과 기업, 지역사회, 종교 등 민간 부문의 역할 확대가 일어난 데에는 역사적으로 종교적 자선단체나 지역공동체조직에 의해 출현하였다고 볼 수 있다.

물론 종교계의 사회복지 역할이 종교계의 본질적인 목적 달성에 있기도 하지만 이들은 민간 부문으로서 미흡한 정부의 사회복지를 보완하고, 사회적 약자 또는 소수의 권익 보호 및 인간적 욕구 충족, 가치와 믿음의 보존과 전승, 공민의식(civic responsibility)과 이타주의(altruism)를 촉진하여 개인이 자기의 정체성을 가지고 자기 삶의 주체와 창조적 행위자로 행동하게 되므로, 소외를 극복하게 하는 데 상당한 기여를 해 왔다.

이에 대한 장기적이고 다양한 사회적 개입요구에 부응하기 위해 현재 누적되어 온 국가자원 부족의 한계를 감안하여 한국 종교계의 사회적 역할 강화, 즉 민간 부문으로서 종교의 역할 강화와 사회복지계와의 연계를 통한 다양한 접근방법과 정부와 민간 간의 서비스 공급체계에 대한 논의가 요구되고 있다.

우리나라 전 인구의 반 이상을 차지하고 있는 종교계는 많은 자원과 잠재력을 가지고 있고 다양한 사회복지활동을 전개하고 있다. 특히, 기독교회는 선교 초기부터 사회복지활동의 대부분을 수행하여 왔다.

한국사회의 21세기는 고령화 사회(Aging Society)에서 고령 사회(Aged Society)로 진입하는 시기에 있다. 하지만 우리 사회는 노인인구의 급증에도 불구하고 이들에 대한 사회복지제도가 아직 적절한 수준으로 정비되지 않은 상태이다.

선진국처럼 노인을 위한 사회보장제도가 마련되지 못한 우리나라는 사회복지체계가 취약하고 가족 부양의 기능이 약화되는 상황에서 고령화 사회(Aging Society)에서 고령 사회(Aged Society)로의 이행은 노인의 삶의 질에 심각한 위기와 도전을 주게 된다. 이런 상황에서 노인 부양의 책임을 단순히 개인과 가족의 몫으로 돌리는 일은 현실적으로 많은 문제점을 초래하기 마련이다.

또한 국가(Governmental Organization)가 노인문제를 사회적 책임으로 돌리고 정책적으로 노인복지문제를 해결하는 것도 한계점이 드러난다. 정부 위주의 공적 서비스 기능을 보다 효율적으로 수행하는 대안 모형이자, 세계화 프로젝트를 위한 중심 세력인 비정부조직(Non Governmental Organization)도 사회에 대한 책임성이 강조되고 있다.

지역시니어클럽 등 새로운 서비스 전달체계가 나타나는 것도 바로 국가가 감당하기 어려운 부분을 비정부기관(Non Governmental Organization)인 민간 단체들이 보완해 줄 것을 요청하는 한 형태인 것이다. 이제 복지는 우리 사회 모두가 관심을 가지고 해결해 나아가야 할 과제임을 잊지 말고 계속적인 관심과 참여를 가지고 이루어 나가야 할 것이다.

26

교회와 지역사회의 관계

"너희는 세상의 소금이라", "너희는 세상의 빛이라"고 주님께서 명령하심과 동시에 우리는 이를 아름답게 보전하는 책임이 그리스도인에게 있음으로 알 수 있다. 그렇기에 세상은 교회가 대치해야 할 적대적인 관계가 아니다.

교회와 지역사회와의 관계는 지역사회 공동체에서 매우 중요하다고 할 수 있다. 이는 교회가 지역사회에 속해 있으면서 지역사회에 대한 책임을 가지고 있다는 것이다. 또한 하나님은 교회만이 아니라 이 세상도 여전히 사랑하고 있기 때문이다. 교회는 이 세계에 하나님의 나라가 이룩되도록 하는 전위대 역할을 해야 하는 것이다. 교회는 끊임없이 상호영향, 상호교환적인 작용을 통해서 존재한다는 하나의 생명체인 것이다. 이와 같은 관점에서 볼 때 교회는 지역사회의 개인, 가족, 집단, 조직체의 건강한 삶을 확보하고 유지하게 하며 향상시키게 하기 위해 다양한 기능을 수행해야 한다. 교회가 지역사회교회로서 가야 할 방향은 다음과 같다.

첫째, 교회는 지역사회와 연결을 강화해야 한다. 교인들이 지역사회 각종 공사 기반의 이사회, 자문기구, 위원회와 관련을 맺어 지역사회의 욕구와 문제를 수렴하고 교회의 지원방안을 강구한다.

둘째, 교회는 지역사회를 대변한다. 지역주민의 각종 행사에 교회 대표를 파견하며 그 문제에 교회가 관심을 표명하되 특히 가난하고 소외된 자들의 자활을 돕고 필요한 경우 그들의 의견을 대변할 수 있는 지역사회 센터로서의 역할을 수행한다.

셋째, 교회는 지역사회를 향해 문을 열어 놓는다. 지역사회의 다양한 집단들이 교회 자원 특히 교회 건물의 일부를 사용할 수 있도록 교회 문을 개방한다. 공간 여유가 있으며 사회복지 및 공익기반에 교회 일부를 무료로 대여할 수도 있고 필요시에 학문, 문화, 예술 행사에 교회를 빌려 주고 물적 및 인적자원을 후원해야 한다. 교회가 지상에서 궁극적으로 지향하는 바는 물질적으로 적절하고 도덕적으로 건전하고 정신적으로 완전한 인간을 만드는 일인데 그러한 인간은 바로 지역사회와의 연결성 속에서 발견될 수 있기 때문이다.

다시 말해 교회는 지역사회와 지역주민들의 욕구 및 문제가 있는 곳에 해결책을 제시해야 한다. 또 목회 영역을 분야별로 전문화하여 교회가 체계적이고 조직적으로 활용되어야 한다. 그리하여 실천적 삶을 통해 그리스도의 사랑을 증거토록 해야 하며, 지역사회의 상담센터가 되어 지역사회복지관이 되어야 한다. 교회 내뿐 아니라 교회 밖의 모든 사람들의 필요를 채워 주며 공동체의 관계를 정상화시키는 것이 교회의 사명이 되어야 한다.

교회란 그리스도인의 모임이며 그리스도인들은 교회를 통해 하나님의 사역에 참여하게 된다. 봉사나 섬김으로 해석되는 Diakonia의 진정한 의미는 치유와 화목의 행위라는 뜻이다. 즉 상처를 싸매고 갈라진 틈을 메우며, 공동체의 건강을 회복시키는 행위로서 선한 사마리아인의 행위는 Diakonia의 가장 좋은 예이다.

교회의 사회적 책임은 크게 사회봉사와 사회행동으로 대별된다. 사회봉사는 구제와 노력봉사를 의미하며, 사회행동이란 인간을 비인간화시키는 사회제도의 변화를 추구하는 활동을 의미한다. 만약 개인의 문제가 불합리한 사회환경에서 일어난다면 이의 해결을 위해서는 그 환경에 직접 개입하여 사회의 구조적 변화를 가져올 수 있는 행동이 필요하다. 그리스도인은 자신의 개인적 생활만 경건하게 살면 되는 것이 아니라 하나님의 기준에 맞는 정의와 공평이 실현되는 사회가 될 수 있도록 비판적인 삶을 살아야 하며, 교회는 개인적인 사회활동을 보다 많이 담당해야 하는 것이다.

급변하는 시대와 사회 속에서 선교 21세기를 향하고 있는 한국기독교의 시대적 사명과 역할을 지역사회에서 연대하여 진행하고 있는 NGO단체들과 함께 교회의 기능을 Diakonia라는 입장에서 나눔과 섬김을 통해 교회의 사회적 책임을 완수해 나아갈 때 한국교회의 자원이 사회복지를 위해 참여의 역할을 할 수 있다고 본다.

27

노인복지목회의 새로운 비전

우리가 지켜야 할 십계명 중 다섯 번째 계명은 부모를 공경할 것을 말하고 있고, 부모에게 순종하고 효도함으로써 자녀들은 복을 받고 장수할 것을 기록하고 있다. 뿐만 아니라 성서는 노인들이 지혜의 상징임을 말하고 있다. 사람의 나이는 지혜를 얻게 하는 것이니 노인을 사회로부터 격리시켜 고독하게 지내도록 할 게 아니라 존경하고, 훈계를 경청하고, 그 지혜를 배워야 하며 노인이 창의성과 잠재력을 개발하여 후손들에게 영적인 상담자가 될 수 있도록 환경을 조성해야 한다.

노인이 단지 나이가 많은 것만으로 축복일 수 없고, 하나님에 대한 믿음과 순종 아래 의인의 삶을 살며, 후손을 위해 사랑을 베풀고, 가정과 나라를 위해 기도해야 한다. 신명기 32:7을 보면 "옛날을 기억하라 역대의 연대를 생각하라 네 아비에게 물으라 그가 네게 설명할 것이요 네 어른들에게 물으라 그들이 네게 이르리로다"라고 기록되어 있다. 즉 우리는 노인들에게 끊임없이 질문하고 답을 얻어 지혜를 배워야 한다는 것이다. 지혜가 있는 노인은 신체적으로는 무기력하나 가르치는 위치에 있다. 그들은 교회 내에서 교육적 사명을 가지고 있다. 게다가 노인이 되었다는 것은 하나님의 복(잠 16:31. "백발은 영화의 면류관이라……")으로도 설명되고 있다.

　그러나 노인들이 단순히 공경의 대상이기 때문에 이를 근거로 교회가 노인복지를 해야 한다는 것은 아니다. 이러한 것을 종합해 볼 때 교회 내 노인은 존경을 받고, 지도자의 역할을 수행하고, 보호를 받아야 할 대상이기 때문에 교회에서 노인복지를 소홀히 한다는 것은 하나님의 말씀에 위배된 행위를 하고 있다고 볼 수 있다.

　한국교회의 새로운 비전은 노인복지목회를 통한 다양한 나눔의 삶을 실천함으로써 새로운 모형을 개발하고 정착시켜 지역사회에 하나님의 사랑을 실천해야 하는 것이다. 예수님께서는 이 땅에 몸으로 계실 때 억눌리고 소외받은 자에 대한 관심을 놓지 않으셨다. 이제 이 땅에 남아 있는 몸이 된 교회 역시 예수님의 새로운 몸으로서 이러한 일을 감당하는 것이 마땅할 것이다. 그리고 인간의 현실생활에 있어서 다른 사회제도에 비해 교회의 영향력이 점점 상실되는 것을 방지하기 위한 근본대책으로서 제도적인 교회에서 벗어나 기능적인 교회로 발전되기 위해서는 전문가적인 인력 구성과 다양한 프로그램을 실시하여 노인들의 욕구를 충족시키며 아름다운 노년의 삶을 영위할 수 있도록 교회가 앞장서 나가야 할 것이다.

　노인이라는 개념은 노령화 과정에 있는 사람을 의미한다. 노령화(aging)는 생리적 노화과정, 사회제도에서 자기 역할 상실, 관계 상실의 삶, 무능력으로 표시되는 존엄성의 상실, 불가피한 소외나 고독의 삶, 죽음의 현실에 직면하는 존재 등 심리, 사회, 철학, 생리 등의 복합적 개념을 나타내고 있다. 특별히 모든 사람이 죽음에 직면해야 한다는 사실에서 노인의 문제는 종교적 관심사가 될 수밖에 없다. 결국 노인 문제는 노령기를 60~80세까지 간주한다고 해도 그 문제의 성격이 위기의 측면을 나타내고 있음이 확실하다. 그 위기의 성질을 세 가지로 요약한다면, 첫째, 의미의 문제, 둘째, 귀속감의 문제, 셋째, 자기 정체에 대한 문제로 본다. 주목해야 할 사실은 노령기가 진행됨에 따라 위기의 정도는 심화되고 결국 죽음이라는 현실에서 종결될 때 ‘승리의 한평생’으로 이 세상을 마치게 하는 데도 종교의 역할이 절대로 필요하다.

미국의 여러 연구에 의하면 종교(특히 기독교)를 갖고 있는 노인이 그렇지 않은 노인보다 심리사회 적응이 잘되고 있는 것이라는 연구 발표가 1960년대에 있었다. 그 이유는 죽음에 대한 무의식적 공포를 야기하는 죄의식을 해결하며, 이 세상에서 노인의 삶 속에 하나님의 목적이 있다는 사실과 하나님 나라를 이룩하려는 이 세상에서 자신이 유용하다는 사실을 알기 때문인 것으로 나타났다.

데이비드 모버그(David O. Moberg)의 연구에 의하면 믿는 노인들은 미래의 천국, 죄의 사실과 사죄함의 확신, 온전한 하나님의 말씀으로서의 성경, 예수님이 구주로 우리 구원의 대속자가 되심, 기도의 응답을 믿는다는 사람이 그렇지 않은 사람보다 사회적응도 점수가 높았다. 또한, 조지 로우톤(George Lawton)이 50명의 노인들과 면접한 결과 '영혼의 건강, 신에 대한 신뢰'가 신체적 건강을 제외하고 노령기 삶의 만족의 두 번째 요인으로 나타났다. 이 외에 교회에 출석하고 교회활동을 하는 노인이 그렇지 않은 노인보다 생활 만족도가 높은 것으로 나타났다.

일반 사회복지기관에서 실시하는 노인복지사업과 교회에서 실시하는 노인복지사업의 유사성과 차별성을 인식하는 것은 교회 사회봉사의 효능성과 독특성 그리고 보완성이라는 측면에서 중요할 뿐만 아니라, 선교의 목적과 사회복지의 과정을 통합한다는 차원에서도 중요한 의미를 지닌다고 본다.

성서 속에서 우리가 노인을 위한 교회복지를 위해 힘써야 할 이유를 찾아볼 수 있는데, 성서는 우리에게 노인을 공경의 대상으로 이해시키고 있다. 부모에게 순종, 효도하고 노인을 공경하는 것은 하나님께서 기뻐하시는 일 가운데 가장 으뜸이다. 이것은 자녀들이 축복받고 장수하는 비결이다. 부모로서는 시부모와 장인·장모의 구별이 없다. 부모에게 불효하거나 노인을 공경치 않는 죄는 하나님께서 용서하지 않으신다.

교회는 노인복지 사업을 실시하면서 그것을 전도의 매개체로 활용할 수 있다. 교회에 출석하는 노인은 물론 교회에 출석하지 않는 지역사회의 노인을 위한 복지사업을 순수한 마음으로 진행시킬 때 교회는 사회봉사를 통하여 사회적 책임을 수행한다는 인식을 지역 내에 심어 줄 수 있고, 교회를 통하여 여러 가지 도움을 받은 노인들의 경우 예수 사랑을 통하여 교회와 가까워질 수 있는 기회를 얻게 되는 것이다.

28

정부와 민간이 함께하는 복지

복지는 정부 주도에서 민간 중심의 복지로 전환되어야 한다고 본다. 그렇게 될 때 클라이언트에 대한 서비스의 효과성도 높다고 본다. NGO(non-governmental organization)이란 비정부 또는 탈국가 조직체로서 자발성을 바탕으로 한 비영리집단이나 결사체, 기구나 단체, 운동 세력 등을 포괄하고 있다. 비정부기관으로서 비영리의 목적하에 지구의 제반 문제를 다루는 시민 주체의 단체들을 총괄하는 개념으로 정의된다.

비정부조직을 구성하는 개별 성원들은 특정 목적을 공유하면서 그들 간의 관계를 유지·발전시키기 위한 내부구조와 규칙을 가지고 있다. 또한 비정부조직은 자발적으로 구성된 시민사회의 조직이며, 비영리를 목적으로 하고 있다. 이러한 조직에는 국제조직, 국가조직, 풀뿌리조직, 이익단체, 전문직단체, 지역단체, 협동조합, 빈민단체 등 다양한 부문들이 포함되고 있다.

비영리단체는 다양한 속성을 갖고 있는 만큼 다양한 명칭을 갖고 있다. 이윤을 추구하지 않는다는 의미에서 nonprofit 또는 not-for-profit organization, 정부가 조직한 것이 아니라는 의미에서 non-governmental organization, 타인의 강요나 법적인 구속을 갖고 생겨난 조직이 아니라는 의미에서 voluntary organization 등은 그 예라고 할 수 있다. 민간이 중심이 되어야 할 NGO의 특징은 다음과 같다.

첫째로, NGO는 지속성이 있는 조직이다. 둘째로, 민간이 설립하고 운영하는 조직을 칭한다. 셋째로, 편익의 비배분성을 지적할 수 있다. 넷째로, NGO는 자치조직이다. 다섯째로, NGO는 자발적인 참여를 기반으로 만들어진 조직이다.

하지만 NGO는 조직의 성장이나 구성원의 편익의 증진을 추구하는 것이 아니라 전체 사회의 편익의 증진이나 공공가치를 궁극적인 목표로 삼고 있다는 면에서 NGO가 공익을 추구하는 단체라고 할 수 있을 것이다. 서구의 경우 NGO가 조직의 이익을 추구하는 것이 아니라 조세감면의 혜택을 받는 것은 바로 NGO가 공익을 위하여 활동하는 데 근거를 두고 있기 때문이다.

일반적으로 NGO는 우리 사회에 다양한 방법으로 영향력을 행사하고 있으며, 이는 NGO가 갖고 있는 자원, 즉 전문지식과 여론동원능력 그리고 실행능력 등을 통해 행사된다. NGO가 우리 사회에서 어떤 역할을 하는지 아래와 같이 크게 네 가지로 구분해서 정리해 볼 수 있다.

첫째, '의제설정' 역할이다. '의제설정'이란 우리 사회의 주요 관심사가 되는 문제에 대한 사회여론의 조성 혹은 공론화의 과정이라고 말할 수 있다.

둘째, 정당성 부여의 역할로서, NGO는 공론화와 대중적 지지 동원을 통해 정부나 의회기구의 결정 및 활동에 정당성을 부여함으로써 그 실효성을 증대시킨다.

셋째, 문제해결의 역할이다. NGO는 정부나 의회기구와 협조를 통해, 혹은 독자적으로 어떠한 문제를 해결하기 위한 실질적인 활동을 전개한다.

넷째, 갈등조정의 역할이다. 이 역할은 NGO가 현 지역사회 사정을 잘 알고 있으며, 지역주민과 함께 밀착해서 활동하고 있고, 갈등조정 과정에서 발생할 수 있는 개인적인 위험부담을 잘 알고 이에 대처하고 있다는 점에서 가능한지를 설명해 준다.

우리 사회에서 NGO가 행사하는 역할을 정부의 역할과 비교해 살펴볼 때 다음과 같은 점에서 우위에 있다고 지적한다. 첫째, 정부는 국가안보를 최우선으로 해서 복합적인 기능들을 수행해야 하지만 NGO들은 단일 현안 혹은 문제에 집중해서 보다 효과적인 성과를 올리고 있다. 둘째, 원칙에 기초하여 현안에 대해서는 정부가 정책 우선순위에서 다른 외교정책사안에 종속시키거나 무시하는 경향이 있는 데 반해 NGO들은 행동으로 옮겨 실천하는 근본적인 차이가 있다. 셋째, 다양하며 경쟁적인 정책 현안들을 다루는 정부의 입장과는 달리 단일 혹은 소수 현안에 전문적 활동을 펴는 NGO들이 보다 치밀한 행동으로 실적을 올리고 있다.

그리고 NGO의 3대 역할로서 첫째, 국가권력과 시장횡포에 대한 견제와 비판의 기능, 둘째, 사회정의와 시민권리를 강화시키는 후원기능, 셋째, 사회문제를 해결하고 휴먼서비스를 제공하는 기능을 제시하고 있다. 이제 복지는 민간 중심의 서비스체계와 전문성을 바탕으로 수혜자들의 필요를 중심으로 이루어질 때 보다 나은 복지사회가 되리라 본다.

29

교회복지와 효 실천

　교회 사회사업 실천의 영역은 그동안 한국교회가 성장 중심의 구조에서 Diakonia의 섬김의 영역으로 정립해야 한다고 본다. 무엇보다도 교회 사회사업의 실천은 예수 그리스도를 중심으로 하나님의 사랑의 실천을 봉사와 섬김의 마음으로 하는 것이 가장 중요하다고 본다.

　교회의 본질적 사명은 복음의 선포(Kerygma), 사랑의 친교(Koinonia), 이웃에 대한 책임 있는 봉사(Diakonia)로 볼 수 있다. 한국교회의 놀라운 발전과 부흥은 20세기 선교사상 놀라운 기적으로 평가되고 있다. 그러나 선교 21세기를 맞는 한국교회는 지금까지 교회 사회봉사와 사회개발에 대해 분명한 태도를 지니고 있지 못하다는 것이다.

　교회 사회사업은 교회의 원조(援助)로부터 시작한 사회사업이다. 교회는 기독교의 원칙과 전통에 맞게 사람의 종교적인 삶을 개발, 갱신, 지도하기 위한 조직이다. 교회는 교리와 강령 안에서 성문화된 믿음의 체계가 있고, 이것은 독특한 방식으로 조직의 문화를 규정한다.

　교회 사회사업은 교회가 주체가 되어 사회를 대상으로 제공하는 봉사활동 및 사업이라고 잠정적으로 정의할 수 있다. 여기서 말하는 사회봉사란 영어의 Social Services에 해당하는 용어로 종종 사회적 서비스라고 번역되기도 하는 말이며 우리 사회에서 널리 사용되는 사회복지 혹은 사회사업이란 용어와 거의 비슷한 것으로 이해할 수 있다. 여기서는 교회 사회봉사와 밀접한 관계를 가지고 있는 사회적 서비스의 개념을 살펴봄으로써 교회 사회사업의 개념을 정리해 보고자 한다.

사회봉사는 인간 개개인에게 경제적, 사회적 혜택을 충분히 누릴 수 있도록 공공기관 또는 민간기관에 의해 제공되는 서비스를 의미한다. 즉 사회봉사는 공·사 기관들에 의해 제공되는 프로그램이나 서비스 및 기타 제반 활동이므로 이 정의에 비추어 보면 교회의 사회사업은 교회라는 민간기관에서 제공하는 복지프로그램이나 복지서비스 및 사회봉사활동을 의미한다고 보겠다. 즉 교회 사회사업이란 이상과 같은 사회적 서비스를 교회라는 매개를 통해서 이루는 것이다. 여기서 교회 사회사업의 범위는 "사회적 서비스는 개인과 집단의 복지 증진과 곤경에 처한 사람을 돕기 위한 공동의 급여이기에 가족복지, 아동복지, 노인복지, 병원과 학교에서의 상담 프로그램뿐만 아니라 보건, 교육, 주택, 소득보장까지도 포함시킬 수 있는 것이다."라고 주장한 Kahn의 개념에서 찾는 것이 적합할 것이다.

교회가 이러한 사회사업을 시작할 때 그 근거는 교회의 중요한 기능 중의 하나인 Diakonia라는 말속에서 찾을 수 있다. 봉사활동의 원동력이 되는 Diakonia라는 말속에는 생명과 복지에 대한 본질적인 의미가 담겨 있고 지역사회에 뿌리를 내리고 있으면서도 범세계적인 초월성을 지니는 뜻이 있다. 또한 예방적 특성을 강조하며, 구조적이면서도 정치적인 차원에 관심을 가지고 인도주의에 바탕을 두고 있다. 이처럼 봉사라는 말의 의미를 통해서 볼 때 교회 사회사업이란 교회의 좁은 울타리를 넘어서서 이루어지는 이웃사랑의 한 실천방법이자 그 철학이라 할 수 있다.

복지가 정부와 사회복지의 실천만으로는 노인의 욕구를 해결할 수 없다고 보고 NGO적 입장에서 교회가 Diakonia의 사명을 가지고 섬기는 공동체로서의 교회상을 교회가 어떻게 회복하여 바른 교회상을 정립할 것인가와 교회의 자원을 어떻게 지역사회와 유기적으로 활용할 것인가를 연구하는 것이 앞으로의 과제이다. 그리고 'Diakonia'를 통한 교회상의 회복과 정립을 모색하고 방향성을 제시하여 사회복지의 자원 활용을 살펴보는 것을 주요 과제로 보아야 한다.

교회 사회사업의 실천 개념을 Diakonia의 사상으로 하나님의 사랑의 실천으로 이루어진다고 볼 수 있다. 그리고 세 가지에 목적을 두고 있다.

첫째, 개인과 집단으로 하여금 그와 환경 간에 불균형 상태가 일어났을 때 문제를 올바로 찾아내어 이의 심각도를 감축시키거나 해결할 수 있도록 교회가 도와주는 일이다.

둘째, 개인이나 또는 집단이 그와 환경 간에 불균형이 일어날 수 있는 잠재적인 문제가 도사리고 있는 부분을 찾아내어 불균형 상태가 일어나는 것을 교회가 사전에 예방하는 것이다.

셋째, 개인과 집단과 지역사회 내의 최대한의 잠재력을 찾아내고 확인하며, 이를 교회가 강화시켜 주는 것이다.

1970년대에 들어서 임상실천, 직접실천 또는 거시적 실천이라는 용어들이 등장하였다. 교회 사회사업 실천에 있어서 클라이언트의 문제들을 해결하기 위해 미시적(micro), 메조(mezzo), 거시적(macro) 전략들을 채택한다. 미시적 접근은 개인이나 가족, 집단에 초점을 두는 데 비해, 거시적 접근은 더 커다란 사회체계에 관심을 둔다. 거시적 실천에서는 대면접촉(face to face)을 통한 서비스 전달은 최소화되고 사회계획이나 지역사회조직의 과정이 주로 관계된다. 그러나 효과적인 실천은 이러한 세 차원에 관련된 지식을 모두 요구하며 교회는 영적인 부분으로 접근해서 새로운 접근을 모색해야 할 것이다.

30

사회교육과 복지사회

　현대적 복지 개념은 예방적 효과에 역점이 주어지며, 고도 산업사회 과정에서의 인간의 존엄성과 사회 구성원의 연대성과 대등한 참가를 밑바탕으로 하는 사회체제 구상에 주된 관심이 주어지고 있다. 즉 못 살게 된 것이 개인의 책임만은 아닌 사회체제의 소산으로 보는 것이다.

　오랫동안의 가난을 벗어나서 잘사는 나라를 건설하기 위한 계획적인 경제성장정책이 오랫동안 추진되어 왔다. 제법 대규모의 기업들이 크게 성장되고 지속적인 고도성장을 위한 인력과 기술을 토대로 잡혀 온 것이 사실이다. 그러나 세계에 유례를 찾을 수 없는 속도로 공업화를 추진하는 동안에 인간복지를 해치는 적지 않은 부작용이 나타나게 되었다. 그중 두드러진 것으로서 소득분배의 불균등에 기인하는 계층 간 사적 소비수준의 심한 격차와 그로 인한 상대적 빈곤감의 심화, 인플레이션이 주는 생활불안, 예측 못 할 불황이 몰고 올 고용불안에 대한 지도적 무방비 상태, 물과 공기의 오염, 급격한 산업도시화에 따른 피해 등을 들 수 있다. 이러한 피해들은 급속한 산업화 과정에서 많은 개인들이 피할 수 없이 당해야 하는 피해이다.

　우리나라 경제의 성취가 고도성장에 주어진 많은 찬사 뒤에서 인간이 겪어야 했던 고통스러운 상황은 위에서 예시한 물질적, 가시적인 것들 외에도 또 있다. 그것은 다름 아닌 인간소외 현상이다. 급속한 산업화 과정에서 불가피한 현상으로 나타난 조직화와 관료화, 집단화와 대중화 그리고 획일화와 동조주의 등에 의해서 인간의 개성과 자발성과 자유가 위협을 받게 된 것이다. 이것은 곧 인간실존에의 심각한 위협을 뜻한다. 근대적 산업화 과정에서 발생하는 상기한 여러 폐해와 인간실존에 대한 위협으로부터 개인들을 보호하여 인간다움을 보전케 하기 위한 제반 장치가 효과 있게 짜여져 들어간 그러한 사회체제의 실현이 현대적 의미에서의 복지사회 건설의 과제이다.

한 개인이 느끼는 행복감의 수준은 중요하다. 이러한 뜻에서 사람마다 약간의 차이는 있지만 개인의 정신건강과 인격적 성숙성이 문제되지 않을 수 없다.

따라서 높은 수준의 문화와 정신적 풍요를 누릴 수 있도록 인간존엄의 정신에 기초를 둔 사회제도의 실현과 그에 따른 사회시설의 개선, 자연환경 및 국민건강의 개선, 풍요한 정신문화의 향유 등 좋은 질의 사회교육을 보편화시킴으로써 모두에게 사회교육의 혜택을 받게 하는 일이 복지사회 실현에는 불가결한 요소가 된다고 하겠다.

공동체와 나눔 사역

　미래의 사회복지는 정부와 NGO, NPO 그리고 종교와의 연합으로의 파트너십이 절실히 요구되고 있다. 특히 지역사회에서의 교회의 복지적(Diakonia) 역할은 그 의미가 매우 크다고 본다. 교회는 지역교회(local church)에서 지역공동체(community church)로의 전환이 필요하다고 본다. 그러할 때 교회는 지역에서의 나눔과 섬김인 Diakonia의 역할을 이룰 수 있다고 본다.

　교회의 본질적 사명은 복음의 선포(Kerygma), 사랑의 친교(Koinonia), 이웃에 책임 있는 봉사(Diakonia)로 볼 수 있는데 한국교회는 교회 자체 성장에만 관심을 가졌을 뿐 교회를 향한 사회의 요청에는 적극적인 대응을 하지 못하였다. 성서에서는 고아, 과부에 대해 각별히 보호를 요청하고 있는 것을 볼 수 있는데 이러한 성서에서 근간을 두는 교회는 이웃을 향한 구체적인 사랑의 실천으로써 교회의 본질인 낮은 자들과 함께하는 '섬김'의 자세를 잃어버리지 말아야 한다고 본다.

　라인홀드 니버(Reinhold Nibuhr)는 그의 저서 『사회사업에 관한 기독교의 공헌』(The Contribution of Religion to Social Work)에서 "교회는 사회복지를 낳고 키운 어머니"였는데 어머니로서의 책임을 포기하였기 때문에 세속화를 초래하였다고 했다.

기독교에서는 약자와 강자, 가난한 자와 부유한 자 모두가 하나님 앞에서 동등한 대우를 받는다. 그러나 인간적 측면에서의 관심은 그렇지 않다. 구약시대에는 고아와 과부에 대한 법적인 우선권이 많이 강조되어 있고 신약시대에는 같은 피지배자 가운데서도 소외된 무리들과 팔레스타인 지역에 흩어져 사는 Diaspora들에 대한 유태교적 율법의 재해석을 통해 그들의 권익을 보장하고 그들의 생활을 보장토록 했다.

예수의 삶과 가르침은 봉사의 삶이었으며 이러한 예수의 복지적 입장에서 보아도 가난한 자, 눌린 자, 천대받는 자 등과 같은 이웃들과 함께 웃고 울면서 그들을 위해 사셨다.

한국교회는 이제 새로운 전환기를 맞이했다고 보아도 과언이 아닐 것이다. 지금까지는 교회의 내적 성장을 지향하여 총력을 교단과 교리를 부흥시키는 데 기울였지만 이제 한국교회의 외적 성장은 더 이상 교회 자체를 위해서만 관심을 기울이는 행위는 사회로부터 용납 못 할 정도의 모양새를 갖추었기에 이제는 교회에 대해 요청하고 있는 소리들을 겸허히 수용하는 자세를 보여야 할 것이다.

한국교회는 사회적 책임을 깊이 가지고 기존의 교회 사회사업의 활동을 재정립하고 보다 전문적인 방법으로 새롭게 시작해야 할 것이다. 또한 교회에서 할 수 있는 프로그램으로서 아동, 주부, 청소년, 노인들을 위한 다양한 프로그램을 통하여 지역사회 안에서의 교회의 위치를 새롭게 제시해야 할 것이다.

교회는 이웃을 잃어 가고 있다. 교회가 지역사회 속에서 교회 자체를 사랑하듯이 이웃 지역사회를 사랑해야 하며 교회의 이웃을 찾아야 한다고 생각한다. 예수의 삶과 가르침은 인간의 낮고 낮은 삶에서부터 봉사의 삶이었으며 이러한 예수는 복지적 입장에서 보아도 가난한 자, 눌린 자, 소외된 자, 핍박받는 자, 빚진 자, 천대받는 자, 차별받는 자 등과 같은 이웃들과 함께 웃고 울면서 그들을 위해 사셨다. 예수의 삶은 섬김의 삶으로서의 교육이었다. 그래서 응하려는 자세가 필요하며 봉사를 통한 교육의 새로운 장이 요구된다. 이런 면에서 교회의 사명은 모이는 교회로서의 예배와 교육으로, 또한 흩어지는 교회로서 사회 속에서 섬김이 바람직하다고 본다. 그리고 교회는 '이웃의 교회'가 되어야 하고 '이웃을 위한 교회'로서 혼자 사는 삶이 아닌 이웃과 더불어 사는 삶을 가르치는 교육을 교회가 과감히 시도하며 교회의 본질(Meaning)을 잃지 않고자 계속적인 개혁이 필요하며 공동체로서 나눔의 사역을 이루어 나가야 할 것이다.

32

교회 사회복지의 비전

　교회 사회사업은 교회의 원조(援助)로부터 시작한 사회사업이다. 교회는 기독교의 원칙과 전통에 맞게 사람의 종교적인 삶을 개발, 갱신, 지도하기 위한 조직이다. 다른 사회조직과 마찬가지로 교회는 사람의 책임과 권리는 구분하는 구조에 근거를 둔다. 즉 수행하는 업무, 그것을 수행하기 위한 과정, 규칙 그리고 규범 등이다. 교회는 교리와 강령 안에서 성문화된 믿음의 체계가 있고, 이것은 독특한 방식으로 조직의 문화를 규정한다.

　교회는 오래된 유산과 연결된 역사를 가지고 있고, 의미 있는 방식으로 자신의 정체성과 조직의 사명에 공헌한다. 그들은 과거, 현재 그리고 미래에 예수 그리스도교의 신도가 속한 이상적인 교회의 참여자들이다.

　교회 사회사업은 회중과 교구, 교파와 법, 기독교 조직을 포함한 조직적인 환경에서 이루어지지만, 의료 사회복지사는 병원에서, 학교 사회복지사는 학교에서 활동하는 것과 같은 맥락에서 활동한다. 회중은 종교적인 목적을 위해 함께 모이고 그룹의 정체성을 공유하는 사람의 집단을 의미하고 자신들이 중심이 되어 모이는 장소를 갖추고 있다. 교구는 회중이 섬기는 지역사회이다.

교회 구조의 다양한 차원에서 교회 사회복지사는 종종 기독교 사회선교에서 지도력―특별한 도움이 필요한 사람을 돕고, 사회 정의를 성취하려는 그리스도인이 수행하는 행동―을 발휘한다. 이런 행동은 교회와 개별 그리스도인의 중요한 책임으로 간주된다. 기독교인의 이런 사회선교는 "네 이웃을 네 몸과 같이 사랑하며 모든 사람이 네 이웃이다."라는 메시지를 담고 있다. 이웃의 필요를 돌보는 것은 하나님의 사랑에 충실히 반응하는 길이다.

교회 사회복지사와 기독교 사회복지사는 동일한 부류가 아니다. 사회복지사의 개인적인 신앙이 교회 사회사업을 규정짓지 않는다. 오히려 교회 사회사업은 사회사업 실천 맥락에서 규정된다. 교회에서 종사하는 많은 사회복지사는 자신의 실천이 자신의 믿음에 주로 근거하고 있으며, 적당한 때에 자신의 전문 사회사업 지식과 기술을 이용한다고 생각하지만, 많은 다른 이를 자신의 개인적인 신앙과 전문적인 실천―이 둘은 때때로 긴장 상태를 만들기도 하고, 노력하기도 하면서―을 통합한다. 여전히 많은 사람은 실천과 신앙을 구별한다. 일부 교회 사회복지사는 기독교인이 아니고, 일부는 자신들의 신앙과 교인 자격을 자신의 전문 실천과는 별개로 간주한다. 사회사업은 실천의 맥락에서 전문적인 가치와 신념체계가 아닌 전문화된 실천 분야이다.

교회는 병원과 학교가 의료 사회사업과 학교 사회사업의 환경이 되는 것처럼, 교회 사회사업의 주된 환경으로서 기능을 한다. 이런 맥락에서 사회복지사는 조직이 더 효율적으로 기본 기능을 수행할 수 있는 서비스를 제공한다. 사회선교와 사회운동은 예배, 교제, 복음전도와 함께 교회의 중심 기능이다.

교회는 근본적으로 여러 구조를 갖고 있는 자발적인 조직이다. 사회복지사는 종종 자신을 고용한 교회조직뿐만 아니라 다른 수준의 조직과도 관계한다. 그 예를 들어 교파가 지원하는 아동복지기관에 있는 사회복지사는 지역의 신도들 중에서 상담, 연설, 자원개발을 위해 많은 시간을 사용한다. 신도들에게 고용된 사회복지사는 지역사회의 사회문제와 자신의 업무에 영향을 주는 교파의 정책과 프로그램을 취급해야 한다. 사회사업 실천을 위한 모든 교회 환경에서, 사회복지사는 우호적이거나 적대적일 수 있는 권력을 휘두르는 자발적인 소그룹인 서비스 고객 집단에게 반응해야만 한다. 종교적인 조직은 다른 조직의 참여 형태와는 너무 달라서 전통적으로 훈련된 일반 조직 분석자도 종교적인 배경을 모르면 해석할 수 없을 정도로 다르다.

교회의 사회선교를 하는 입장에서 교회 사회복지사는 최소한 부분적으로 교회의 지도자로서 봉사한다. 신도의 간부 직책에 있는 사람은 곧바로 리더의 역할을 수행한다. 전문화된 기관에서 클라이언트에게 직접 임상 서비스 제공을 위해 고용된 사회복지사도 교회 리더의 역할을 제공하는 부수적인 책임을 최소한 수행해야 한다. 기독교 신앙은 삶의 형태로서 봉사를 요구한다. 교회에 속한 고용자는 교회 구성원이 이런 삶의 형태를 표현할 수 있는 기회와 연결시키고, 좀더 효과적으로 봉사할 수 있도록 준비시킴으로써 지도력을 발휘해야 하는 책임이 있다.

점점 많은 수의 교회 신도—특히 도시 지역의 대규모 신도—는 지역사회환경에서 사회선교를 지도, 발전시키고, 청소년과 가족 서비스 프로그램을 지도하고, 사회운동과 옹호 프로그램을 주도하고, 교회와 공동체 구성원에게 상담 서비스를 제공하는 등의 여러 의무를 수행하기 위해 사회복지사를 고용하고 있다. 사회복지사는 또한 신도의 사회선교에서뿐만 아니라 성경공부와 예배를 인도함으로써 성직자 중 한 명의 역할을 수행하도록 요구받는다.

교회 사회복지사에 의해 개발되고, 신도들에게 제공되는 서비스와 프로그램은 다음과 같다. 즉 핵심 사회문제를 공부하는 교육 집단과 행동 집단, 아동을 위한 주간 보호와 일시적 위탁 서비스, 방과 후 지도와 활동 프로그램, 힘없는 노인과 보호자를 위한 성인 주간 보호와 일시적 위탁, 집 없는 가족을 위한 수용과 음식 제공 프로그램, 농촌 지역의 노인과 가난한 가족의 의료 혜택을 위한 운송 서비스, 직업 소개와 훈련 프로그램, 자조 집단과 교육 집단 프로그램, 공공 아동 보호

서비스와 가족의 예방 보호 프로그램의 클라이언트를 위한 응급 원조 및 물질적 사회적 지원, 이민자와 난민을 위한 지원과 후원자 프로그램, 가난한 가족을 위한 집짓기와 집 보수, 특별한 필요가 있는 사람과 단기 보호 센터와 소년원에 수용된 아이들을 위한 행동 프로그램, 위탁 보호와 입양 지원 프로그램 등이다.

33

실천적 복지선교

교회에 대한 일련의 역사적 사조는 '성도의 교제'를 강조하는 유기체로서의 교회와 제도를 강조하는 조직체로서의 교회 사이에서 시계추와 같이 반복되어 흘러왔음을 보여주고 있다. 역사는 우리에게 양 국면에 대한 이해의 균형이 있어야 할 것을 교훈한다. 교회는 지역사회 내에서 조직 구성원의 하나로서 오랫동안 존재하여 왔으며 사회에 다양한 봉사를 행하여 왔고, 여러 사회봉사 주체—공공기관, 비영리기관, 영리기관, 자조집단, 개인—중에서 비영리기관에 속하는 조직체이다. 조직체로서 지역사회 내에서 존재하고 그 기능을 하는 사회조직이다. 사회조직으로서 교회 내에서 수행해야 할 기능이 있다. 교회는 복지다원주의하에서 사회복지사업의 한 주체로서 오랫동안 기여해 왔다. 라인홀드 니버는 "교회는 사회복지를 낳고 키운 어머니"로 보았다. 이렇게 교회가 체계적이고 조직적인 노력을 통하여 사회복지기능을 수행하여 왔다. 사회복지조직으로서 교회는 사회복지기관들의 협력자, 보완자, 비판자의 기능을 수행하기도 하고 직접적·간접적으로 복지사업을 실천하기도 하며, 전략적으로 교회의 사회복지기능을 요구한다.

섬김을 통한 사회적 선교는 교회에 맡겨진 중대한 사명의 하나이다. 특히 우리나라처럼 급속한 산업으로 인한 각종 사회문제가 팽배되어 있는 사회에서 문제해결을 위한 촉매자로서 교회의 역할은 매우 크다고 하겠다.

현대 사회문제를 해결하고 인간의 행복을 보장하기 위한 전문적인 분야로 인식되고 있는 사회복지는 교회의 사회봉사활동에서 그 기원을 찾아볼 수 있다. 기독교의 교리와 가치에 입각한 교회의 사회봉사활동이 현대 사회복지제도의 기원이 되었던 것이다. 성경에서도 여러 장에서 가난한 자와 약한 자의 권리를 옹호하는 사회정의를 강력하게 요구하고 있다. 이제 한국교회는 교회의 사명을 Diakonia의 입장에서 NGO의 기능으로 보는 시각의 전환과 함께 시대적인 요청에 부응하는 교회의 모습으로 바뀌어야 할 것이다.

교회의 NGO의 기능으로서 사회적 참여와 교회 사회사업 실천의 발전을 위하여 몇 가지 의견을 제시하면 다음과 같다.

첫째, 교회는 시대적 현황에 따른 선교 의식을 새롭게 하고 지역사회와 유리되지 않는 노인복지에 맞는 선교방법을 모색해야 한다고 본다.

둘째, 교회는 교회 내 인적자원(기능별·직능별 자원봉사)과 물적자원(재정시설)을 자세히 조사하여 노인복지를 위한 복지사업에 적극 참여할 수 있도록 교회조직과 구조를 재정비해야 한다.

셋째, 교회는 지역사회를 하나님이 맡겨 주신 지역공동체라 생각하고 과학적 조사와 방법으로 지역노인의 필요와 지역 상황을 파악한 후 교회의 여건에 적합한 사업을 우선적으로 실시해야 한다.

넷째, 교회는 교회 재정의 10% 이상을 사회복지비로 사용하고 구역 또는 속회조직 단위로 지원대상자를 결연시켜 이들의 필요를 도울 수 있는 책임 봉사제를 실시한다.

다섯째, 각 교단은 초교파적인 차원에서 동일한 지역 안에서 연합하며 지역노인복지에 관심을 기울여야 할 것이다.

여섯째, 교회는 교회가 속해 있는 지역에서 지역의 NGO단체들과 네트워크를 만들어 지역성 있는 목회를 해야 한다(소외된 그룹에 일차적 관심을 둔다).

일곱째, 교회의 주변을 체계적이고 과학적인 사회조사를 통하여 이웃들의 요구를 발견하고 이에 대응해 나아갈 때, 교회가 가진 인적, 물적, 조직 자원들을 효율적으로 활용할 수 있을 것이며, 거시적인 문제에 대응할 수 있다.

교회 사회사업의 전문화를 위해서는 교회가 교회 사회사업 전문인을 고용하는 일 못지않게 목회 영역의 분업화와 자율성을 보장하는 교회의 조직적 토양을 조성하는 일이 중요하다.

우리나라의 교회에서는 공동목회가 사실상 불가능하다고 한다. 담임목회자에 대한 가부장적 권위주의가 교회의 모든 다른 직원과 평신도들의 자율성을 억누르기 때문이다. 현재와 같은 교회의 종적이고 관료적인 경직된 조직적 풍토에서는 사회목회자가 사회목회의 전문성을 발휘할 수 없다. 교회에 사회복지 전문가의 지도적 위치를 인정하는 제도적 장치가 교단적인 차원에서 마련되어야 할 필요가 있다. 이것은 교회갱신과 맞물려 있는 문제이다.

교회 사회사업의 전문화를 위해서는 교회 사회사업에 대한 우선순위를 조정하는 일이 필요하다고 본다. 여러 가지 교회 지도자들에 대한 경험적 조사들을 참고하면 대다수의 목회자들은 교회 사회사업의 중요성을 인식하고 있다. 그럼에도 불구하고 교회 사회사업은 별로 활발하지 못한 편이다. 그 가장 중요한 이유는 목회자들이 교회 사회사업에 대한 지식이 부족하다는 데에 있지만 동시에 복음전도보다 사회사업을 우선순위에 있어서 하위에 두기 때문이다. 사실 교회가 전도에 대한 우선순위와 동등하게 사회복지활동에 대한 우선순위를 인정한다면 복음 사역을 담당하는 인력과 동등하게 사회사업을 담당하는 인력을 고용해야 한다. 그러나 봉사에 대한 우선순위는 전도에 대한 우선순위보다 하위에 두기 때문에 언제나 봉사적 사명은 복음전도 사역을 수행하고 난 후, 여력으로 하게 되는 현실을 맞이하게 되고 그 여력이란 많은 교회에서 거의 없다시피 한 것이 우리 한국교회의 형편이다.

하비 콕스는 교회의 사회적 책임과 봉사적 기능으로 Diakonia를 역설하고 있다.

교회는 사회를 섬김의 장으로 보고 인간의 복지와 사회에 대한 책임을 가지고 선교에 임할 때 비로소 한국교회에 새로운 지평이 모색될 것이다. 그리고 급변하는 시대와 사회 속에서 선교 21세기를 향하고 있는 한국기독교의 시대적 사명과 역할을 지역사회에서 연대하여 진행하고 있는 NGO단체들과 함께 교회의 기능을 Diakonia라는 입장에서 나눔과 섬김을 통해 교회의 사회적 책임을 완수해 나아갈 때 한국교회의 자원이 지역사회를 위해 참여의 역할을 할 수 있다고 본다.

교회는 사랑과 복음의 실천으로 준비된 모임이기에 일반 사회복지의 사람과 사람 간에 수요와 공급의 차원 이상의 감정적, 정서적, 영적 교감이 더욱더 중요하다고 본다. 이러한 점이 일반 사회복지와 차이가 있다고 본다. 이러한 소중한 것이 교회 사회사업의 정신이며 소중한 것이라고 본다. 물질적인 것만이 아니라 하나님의 사랑을 실천하는 선교적인 마음으로 임할 때에 교회 사회사업의 미래는 밝고 아름다운 열매를 맺으리라고 생각한다.

34

복지는 나눔과 섬김

사람에는 두 부류의 사람이 있다고 보는데 만나면 편하고 행복하고, 기쁜 사람이 있는데 그런 사람은 산소 같은 사람이라고 본다. 반면에 만나면 부담되고 힘들고 짜증나고 불평을 듣게 되는 사람이 있는데 이는 이산화탄소 같은 사람이다. 산소를 만들어 내는 것은 순수하고 소중하고 영원한 사랑이신 하나님의 사랑이다.

흔히들 말하듯 사랑은 아름답고 달콤하고 또는 어느 노래 가사처럼 눈물의 씨앗이라고 하기도 하며, 사전적 의미로는 좋아하는 어떤 대상에 대해 소중히 아끼고 정성을 다하며 관심을 갖고 베푸는 일이라고 한다.

사랑에 대해 많은 학자들이 정의한 것들을 살펴보면, 철학자 플라토(Plato)는 누구를 사랑한다 함은 그 사람 속에 있는 미(美)와 선(善)의 진수를 알아보는 것, 카펠라누스(Andreas Capellanus)는 사랑이란 이성(異性)의 미(美)를 보거나 너무 생각한 나머지 생겨나는 일종의 타고난 고통, 에리히 프롬(Erich Fromm)은 사랑이란 상대방의 생활과 성장에 대한 적극적인 관심이라고 하였다. 사랑은 상대방으로부터 표현되거나 표현되지 않는 욕구에 대한 자발적 반응이다. 프롬은 "인간이란 근본적으로 고독한 존재이며, 그 고독감과 공허감을 극복하기 위하여 사람은 사랑을 하는 것"이라고 주장하고 있다.

사랑의 크기는 이 세 요소의 상대적 크고 작음에 따라 우정 같은 사랑, 정열적인 사랑, 숭늉처럼 미지근하지만 그런대로 일생을 함께 늙어 가며 이루어 가는 사랑 등이 생겨난다는 것이다. 그러나 사랑은 사람마다 처한 환경이나 대상에 따라 그 의미와 방법이 모두 다르기 때문에 자기가 사랑이라고 생각하는 것이 곧 사랑인 것이 아닐까 한다.

인생에서 산소 같은 사랑을 보면, 첫째, 누구를 사랑하는 것이며, 둘째, 당신을 사랑해 주는 누군가가 있다는 것이고, 셋째, 이 두 가지가 동시에 이루어지는 것이다. 우리 그리스도인들이 이와 같이 하나님과 이와 같은 사랑을 한다면 그는 진정 산소와 같은 그리스도인이 될 것이라고 본다.

우리는 자기가 과거에 사랑받았던 방식대로 다른 사람을 사랑하기 마련이다. 그런데 각자가 사랑받은 방식이 때로는 다소 다르기 때문에, 상대방이 사랑이라고 느끼는 행동이 무엇인지를 미처 알지 못하는 때가 많다. 그렇기 때문에 상대방과 같은 행동양식을 가지고 있지 않더라도 상대방이 선호하는 사랑의 양식을 이해하는 것, 나는 사랑을 전혀 다르게 표현하더라도 상대방이 나타내는 사랑의 행위를 인정하고 수용하는 것이다.

우리의 삶 속에서 얼마나 사랑을 위해 기도하고 준비하고 실천하는지 자문해 보아야 할 것이다. 사랑은 우리 삶의 중요한 원동력이다. 그래서 그 귀한 사랑이 오염되지 않도록 우리는 끊임없이 노력해야 할 것이다. 그러기 위해서 사랑인 애정(affection)을 그리스도의 사랑을 중심으로 비추어 볼 때 다음의 일곱 가지로 사랑의 실천을 이루어야 할 것이다.

첫째, 사랑은 'care(돌봄)'이다. 누군가를 돌본다거나 누군가로부터 보호를 받는 것은 인간관계에 있어 없어서는 안 될 아주 자연스럽고 인간다운 일이다. 주님이 우리에게 맡겨 주신 이웃과 소외된 계층을 주님이 사랑한 것과 같이 사랑하고 끊임없이 돌봄의 실천을 해야 한다.

둘째, 사랑은 'giving(나눔과 섬김)'이다. 과거에 주었다거나 미래에 줄 것이 아닌 현재 계속하여 주고 있어야 진정한 사랑이다.

셋째, 사랑은 'knowledge(지식)'이다. 돌보고 끊임없이 주는 일이 중요하나 이보다 어쩌면 그 대상(client)을 아는 일이 우선되어야 한다.

넷째, 사랑은 'making(만드는 것)' 이다. 끊임없이 함께 만들어 가는 것이 사랑이다. 자신과의 싸움을 통해 더 높고, 더 넓고, 더 깊은 차원의 사랑을 계속해서 만들어 가는 자가 사랑을 유지할 수 있고, 만드는 것은 계속 이루어져야 할 것이다. 사랑은 창조적 소수로서 새벽을 만드는 사람으로서 우리의 존재의 가치를 소중하게 보며 내 안에 있는 소중한 정체성을 가지고 나아가야 할 것이다.

다섯째, 사랑은 'respect(존경)'이다. 겉과 속이 같은 것이 진정한 사랑이라 한다면, 필요도에 따라 변하지 않는 존경심을 품는 자세가 있어야 한다.

여섯째, 사랑은 'responsibility(책임감)'이다. 진정한 사랑은 진정으로 책임질 수 있어야 한다. 더구나 오늘, 지금 책임을 지어야 한다. 우리에게는 과거가 없고 내일이 없으며 오늘만큼만 살아갈 뿐이다.

일곱째, 사랑은 'understanding'이다. 한 번 이해하고 마는 것이 아니라 이해는 계속적인 연결선상에 있어야 한다. 더구나 내 입장에서가 아니라 클라이언트의 위치에서 이해되어야 한다.

가장 강한 힘은 섬기는 모습 속에서 나오며 섬김을 통해 영원한 이김이 있다. 루터는 서로 사랑하고 섬기는 사람만이 자기의 주체성을 확립한 사람이라고 한다. 이러한 나눔과 섬김으로써 복지의 영역을 새로운 비전과 사랑으로 나아가야 할 것이다.

35

비정부조직의 참여

　한국은 세계에서 유례가 없을 만큼 급속한 속도로 고령화를 경험하고 있다. 이는 비단 우리나라에 국한된 문제가 아니라 세계가 지금 전례 없는 인구변화를 겪고 있는 공통적인 문제이다.

　오늘날 선진 산업 국가들은 모두가 자신의 공적 노인지원체계의 생존 가능성을 위협하는 문제, 즉 노령인구의 증대라는 문제에 봉착해 있고 이 문제는 점점 더 심각해져 가고 있다. 2020년에는 고령 사회가 될 것이라고 매스컴은 계속 보도하고 있다.

　더구나 노동시장 침체와 사회보장제도의 재정위기를 겪고 있는 한국의 현실은 노인복지재원을 정부재정, 기부금, 수혜자 부담금 등으로 조달하고 있다. 또 전체 예산의 0.24%에 불과한 노인복지예산 비율은 대만 3%, 일본 17%에 비해 빈약하고 미흡한 실정이다.

　노인복지예산 구성비율에서도 경로연금과 시설복지 영역이 차지하는 비율이 각각 71.6%와 17.5%로 한국의 노인복지예산은 생활보호노인과 입소노인만을 위한 예산 편성이라는 지적의 소리가 높다.

　노인인구의 상대적 절대적 증가와 산업화의 과정에서 경제사회적 자원의 미약으로 인한 노인문제는 그 심각성을 날로 더해 가고 있다. 예전에는 노인들이 가족이라는 테두리 안에서 정성어린 보호와 존경을 받으며 생활해 왔지만 이제 가족뿐 아니라 국가와 사회로부터 적절한 보호와 지원이 필요하게 되었다. 경제적·신체적 측면 외에 이제는 정신적·사회적 서비스로까지 노인복지욕구가 확대되어 매우 다양하게 나타나고 있다.

이렇게 복잡하고 분화된 사회조직, 다양한 서비스욕구, 정부재정의 압박, 시민의 자발성과 참여욕구의 증대 등과 같은 문제를 안고 있는 현시대에는 정부가 단독으로 사회문제 해결을 위한 복지서비스 제공은 불가능하다. 이를 포용할 수 있는 신축적인 제도로서 비정부조직(Non Governmental Organization)의 참여가 요구된다.

특히, 한국노인욕구의 20%에도 미치지 못하는 정부기관(Governmental Organization)의 노인복지수혜정책이 고령 사회인 2020년이 될 때까지 과연 얼마만큼 증가하게 될 것인가?라는 물음과 함께 민간의 복지 참여에 대한 중요성과 필요성을 더욱 증대시키고 있다.

우리 사회에 비정부조직(Non Governmental Organization)의 부상은 1980년대 후반에 이르러 빠르게 성장하였다. 그 후 서비스 전달체계에서 국가의 직접적인 서비스 전달보다는 국가의 재정지원을 통한 비영리민간단체에 의한 서비스 전달체계를 구축하려 했다. 정부의 기능 축소로 가족과 기업, 지역사회, 종교 등 민간 부문의 역할 확대가 일어난 데에는 역사적으로 종교적 자선단체나 지역공동체조직에 의해 출현하였다고 볼 수 있다.

물론 종교계의 사회복지 역할이 종교계의 본질적인 목적 달성에 있기도 하지만 이들은 민간 부문으로서 미흡한 정부의 사회복지를 보완하고, 사회적 약자 또는 소수의 권익 보호 및 인간적 욕구 충족, 가치와 믿음의 보존과 전승, 공민의식(civic responsibility)과 이타주의(altruism)를 촉진하여 개인이 자기의 정체성을 가지고 자기 삶의 주체와 창조적 행위자로 행동하게 되므로, 소외를 극복하게 하는 데 상당한 기여를 해 왔다.

앞으로 우리 사회 노인층은 교육수준이나 경제력에 있어서 현재의 노인인구보다는 월등한 조건을 지니게 될 것이다. 아울러 노인들이 여가운동, 문화활동, 경제활동 및 사회활동 등으로 적극적인 삶을 영위하고자 하는 욕구도 매우 강해지고 다양해질 것이다.

이에 대한 장기적이고 다양한 사회적 개입요구에 부응하기 위해 현재 누적되어 온 국가자원 부족의 한계를 감안하여 한국 종교계의 사회적 역할 강화, 즉 민간 부문으로서 종교의 역할 강화와 사회복지계와의 연계를 통한 다양한 접근방법과 정부와 민간 간의 서비스 공급체계에 대한 논의가 요구되고 있다.

우리나라 전 인구의 반 이상을 차지하고 있는 종교계는 많은 자원과 잠재력을 가지고 있고 다양한 사회복지활동을 전개하고 있다. 특히, 기독교회는 선교 초기부터 사회복지활동의 대부분을 수행하여 왔다.

한국사회의 21세기는 고령화 사회(Aging Society)에서 고령 사회(Aged Society)로 진입하는 시기에 있다. 하지만 우리 사회는 노인인구의 급증에도 불구하고 이들에 대한 사회복지제도가 아직 적절한 수준으로 정비되지 않은 상태이다.

선진국처럼 노인을 위한 사회보장제도가 마련되지 못한 우리나라는 사회복지체계가 취약하고 가족 부양의 기능이 약화되는 상황에서 고령화 사회(Aging Society)에서 고령 사회(Aged Society)로의 이행은 노인의 삶의 질에 심각한 위기와 도전을 주게 된다. 이런 상황에서 노인부양의 책임을 단순히 개인과 가족의 몫으로 돌리는 일은 현실적으로 많은 문제점을 초래하기 마련이다.

또한 국가(Governmental Organization)가 노인문제를 사회적 책임으로 돌리고 정책적으로 노인복지문제를 해결하는 것도 한계점이 드러난다. 정부 위주의 공적 서비스 기능을 보다 효율적으로 수행하는 대안 모형이자, 세계화 프로젝트를 위한 중심 세력인 비정부조직(Non Governmental Organization)도 사회에 대한 책임성이 강조되어야 할 것이다.

36

섬김의 지도자

성경은 하나님이 행하신 위대한 사역의 기록일 뿐만 아니라 하나님이 택하신 위대한 지도자들의 기록이기도 하다. 즉, 성경은 구원의 설계도도 되지만 리더십을 위한 핸드북도 된다. 성경에서 가장 중요하게 가르치는 리더십 모델은 종과 목자와 청지기이다. 마가복음 10장은 종의 리더십에 대하여 기록했고 요한복음 10장은 목자의 리더십, 누가복음 12장은 청지기 리더십에 대해서 가르치고 있다. 그리고 이 세 가지 기능을 가장 완벽하게 수행한 이상적 지도자는 물론 예수 그리스도이시다. 그러므로 기독교적 리더가 되기 원하는 사람은 예수 그리스도를 절대 표준으로 삼고 예수 그리스도가 지도자로서 보여주신 3중적 모델인 종의 리더십, 목자의 리더십 그리고 청지기의 리더십을 절대적 가치로 삼고 자신을 훈련해야 한다.

종의 리더십이란 말에서 리더가 종이라는 말은 매우 역설적이다. 성경의 진리는 대부분 역설적인 진리이다. 종이라는 말은 자기 마음대로 못한다는 의미이다. 자기 위에 절대적 권리를 가지신 분, 곧 하나님의 주권에 조건 없이 순종하는 자이다. 자기 마음이 아닌 하나님의 마음, 종의 뜻이 아닌 하나님의 뜻대로 움직이는 자가 기독교적 리더이다.

교회와 세상은 섬기는 리더를 필요로 한다. 먼저 하나님을 섬기고 다음으로 하나님의 백성을 섬길 줄 아는 자, 곧 기독교적 리더를 필요로 한다. 예수님도 리더십을 '섬기는 것'으로 이해하셨다. 자신이 세상에 오신 목적이 바로 섬김을 받으려 함이 아니라 도리어 섬기려 하고 자기 목숨을 많은 사람의 대속물로 주기 위함이라고 하셨다. 실제로 십자가에서 죽기까지 하나님과 인간을 섬기셨고 예수님이 단번에 드리신 희생의 제사는 모든 기독교적 리더십의 기초가 되었다.

L. Richard가 말한 대로 세상의 통치자와 성경의 섬기는 리더는 그 자세 면에서 근본적인 차이가 있다. 세상의 통치자는 사람들 '위에(over)' 군림하려고 한다. 그러나 섬기는 리더는 사람들과 '함께(among)' 거하는 자이다.

목자로서의 리더십에 대한 설명은 다윗이 여호와를 목자라고 했을 때 그것은 지도자의 사랑과 보호를 나타내 준다. 목자의 비유는 예수님이 자신과 거짓 목자를 구분하기 위해서 사용하신 것으로 예수님은 인간을 위한 자신의 희생이 자발적인 순종에 의한 것임을 주장하신다. 따라서 이 목자의 리더십은 현대를 살아가는 리더들에게 어떤 마음과 자세로 리더십을 발휘해야 하는지를 제시한다. 즉, 목자의 기능은 양들을 먹이고(가르침), 양육하고(권면, 책망, 교정, 위로), 보호하고, 그룹의 연대감을 촉진시키고, 지도하고 인도하며, 이름을 불러 가며 상담하면서 희망을 주는 일이다.

예수 그리스도는 기독교적 리더십을 위한 가장 좋은 사례가 된다. 리더로서 예수님의 궁극적 목적은 사람들의 구원이었다. 제자를 지도하신 것이나 사람들을 죽기까지 섬기신 것이나 그 목적은 인간을 자유롭게 하기 위한 것이었다. "진리를 알지니 진리가 너희를 자유케 하리라(요 8:32)"는 말씀대로 사람을 자유롭게 하는 것이 리더십이라는 개념은 당시의 세속적인 리더십과는 근본적으로 다른 것이었다.

헬라인은 먼저 배우고 행동했지만 히브리인은 행동하면서 배워 나갔다. 이러한 헬라적 사고방식이 서구 사회에 영향을 끼치고 세속 사회의 원류가 되었고 지위와 권력을 구하는 권위주의적인 리더십을 형성하게 되었다.

청지기로서의 리더십에 대한 설명은 기독교적 리더는 감당할 사역과 그 사역을 위한 은사를 부여받은 자이다. 여기서 부여받았다는 것은 하나님으로부터 신뢰 혹은 부탁을 받았다거나 청지기 직분을 받았다는 것으로 표현된다. 하나님의 부탁을 받은 자는 그 부탁을 지키고 실천할 수 있어야 한다. 하나님의 기대를 받은 자로서 지도자는 주인의 유익을 위해 주인의 뜻에 따라 충성해야 한다.

그러므로 기독교적인 리더는 하나님이 지시하신 대로 예수님처럼 기쁜 마음으로 섬기고, 추종자들을 돌보고, 열매를 남기는 리더이다. 우리는 오늘도 섬기는 지도자를 기다리고 있다.

37

제3섹터(sector)로서의 자원봉사

제3섹터란 국가에 따라 사회경제, 연대의 경제, 다원주의 경제, 비영리 섹터 등으로 부르는 것으로서 민간 부문처럼 이윤을 목표로 경영되지 않으면서도 정부 부문처럼 강제를 기초로 운영되지도 않는 부문을 의미한다. 제3섹터의 조직들은 대체로 사회운동 및 홍보기구, 비영리적인 자원봉사기구, 자선단체, 지역운동단체, 협동조합, 주택조합, 자활단체, 지역단위물품 및 노동교류단체 등의 형태를 띠고 있다.

요즈음과 같이 사회문제가 많고 경제가 어려운 시기에는 정부에 의한 지원은 적은 대신 기업이나 기업이 설립한 비영리재단이나 자원봉사의 활동을 통한 제3섹터의 활동이 상대적으로 활발하게 움직여야 한다.

자원봉사라는 말을 우리는 흔히 사용하고 있긴 하지만 그 의미를 내포한 사람들의 행위와 활동은 이미 오랜 역사를 가지고 있다. 어의적인 뜻으로 우리 사회에서 자원봉사라는 용어는 자원과 봉사의 합성어로 자원봉사, 자원활동, 자원봉사활동, 자원복지활동이라는 여러 가지 용어로 함께 쓰이고 있다. 각 용어마다 조금씩 그 의미의 특수성이 있겠으나 실제로는 같은 의미로서 활용되고 있다.

자원봉사는 자유의지라는 뜻을 가진 라틴어 Voluntas에서 유래되었고 자원봉사자라는 영어 단어 Volunteer는 라틴어 volo(의지)에서 나왔다. 즉 자원봉사자란 자유의지를 바탕으로 사회봉사를 하는 사람을 뜻한다.

그러므로 자원봉사는 어떤 특정한 사람이나 집단 또는 시간과 물질적 여유가 있는 사람만이 하는 특별한 활동이 아니며 누구라도, 언제라도, 어디서라도, 어떤 방법으로도 시작할 수 있는 활동이다.

이러한 자원봉사는 산발적, 불규칙적이 아닌 지속적, 계획적 활동이라는 점에서 전통사회의 단순한 주민참여, 온정주의 활동과는 구별되며, 산업화 이후에 등장한 근대적 개념이라고 볼 수 있다.

즉 자원봉사는 내가 지역사회의 주인이라는 민주주의 시민의식의 싹이 트고 민간조직이 등장하면서 시작된 개념인 것이다. 오늘날 자원봉사 개념은 각 국가와 사회, 학자 혹은 활동 분야에 따라 다양한 의미를 지닌 채 사용되고 있지만 한마디로 말해 자원봉사는 물질적인 반대급부 없이 자발적으로 개인이나 사회를 위해 돕는 사람들의 다양한 행위를 의미한다고 정의 내릴 수 있다.

현대를 가리켜 상실의 시대라고 한다. 과거에 우리가 지켜온 많은 것들을 잃어 가고 있기 때문이다. 그러한 것들 중 하나는 우리가 오랫동안 서로 도우며 살아왔던 상부상조의 정신이다. 우리의 조상들은 이미 전통사회에서 어려움을 당한 이웃을 위하여 자발적으로 도움을 주던 두레, 상부상조계, 향약 등의 미풍양속을 가지고 있었다. 그러나 현대를 살고 있는 우리는 이웃의 어려움을 함께 걱정하기는커녕 이웃에 누가 살고 있는지도 모르고 있는 실정이다.

이처럼 현대 사회에서의 소외가 심화되어 갈수록 우리에게 더욱 필요한 것은 다 함께 사는 사회를 만들고자 하는 노력이며, 이제 우리가 자원봉사를 하려는 것도 이러한 다 함께 사는 사회를 만들기 위한 것이다. 사회의 모든 구성원이 서로를 존중하고 구성원으로서 사회적 책임을 다하는 사회를 만들기 위한 것이다. 자원봉사의 기본 정신은 기본적으로 인간이 가진 능력과 자원을 창조적으로 활용하여 사랑의 공동체를 만들어 나가자는 데 있다. 우리의 도움을 필요로 하는 곳에 도움의 손(helping hands)을 내밀어 도움을 필요로 하는 기쁨의 손(glad hands)을 잡는 것이다.

자원봉사는 누구나 할 수 있다. 하는 사람이 따로 있는 것은 아니다. 누구나 마음만 먹으면 할 수 있는 것이 자원봉사다. 누구나 바라는 것 없이 자발적으로 꾸준히 할 수만 있다면 해 볼 만한 소중한 일이 자원봉사다. 따뜻한 손길과 부지런한 발걸음을 기다리는 곳도 많고 기대하는 사람들도 무수하다. 시간을 내고 손발과 두뇌를 빌려 줄 수 있는 사람이면 누구나 자원봉사자가 될 수 있다.

이제는 더 많은 사람들이 자원봉사에 관심을 가져 자원봉사의 역사와 전통이 짧은 우리나라에서도 자원봉사운동이 범사회적인 운동으로 발전되고 나아가 전세계적으로 눈을 돌려 요즘 해일 피해로 인해 수많은 사람들이 죽고 경제적인 손실을 입은 동남아에도 자원봉사라는 이름으로 동참하여 함께 더불어 사는 아름다운 세상이 되었으면 한다.

38

복지적 리더십

리더십 이론에 있어서 베버(Weber)는 리더십을 리더가 권한을 어떻게 획득하고 실행하느냐에 있다고 보고 세 가지로 분류했다.

첫째, 전통적 권한(traditional authority)의 리더인데 전통적인 윤리나 사회관습, 신분을 기초로 하는 권위를 행사하는 리더를 말한다. 원시사회나 근대화가 철저하지 못한 사회에서 나타나는 리더의 유형의 가부장적 색채가 짙다.

둘째, 카리스마적 권한(charismatic authority)의 리더인데 예언자나 영웅 등 어떤 개인의 탁월한 통솔력이나 인기에 토대를 둔 권위로서 전쟁 영웅이나 종교적 예언자가 그 예이다. 이들은 보통 초인간으로 떠받들어진다.

셋째, 합리적 또는 합법적 권한(rational or legal authority)의 리더로서 집단의 성원들이 정당하다고 인정하는 규칙 또는 법률에 토대를 둔 권위로서 선거를 통해 선출된 현대 국가의 대통령, 국회의원 및 법률에 따라 임명된 가급 관료들이 이에 해당한다.

서전트(Sergent)는 리더의 유형은 리더와 추종자와의 관계성을 기준으로 특징지어지는 것이라고 하고 역사적인 인물은 중심으로 리더십을 카리스마적 리더(charismatic leader), 상징적 리더(symbolic leader), 예우

자(head man), 전문가(expert), 행정적 또는 집행적 리더(administrator), 선동가 혹은 개혁가(agitator or reformer), 강압적 리더(coercive leader)로 구분하였다. 리더십은 리더가 주어진 환경 속에서 조직 구성원들을 통하여 조직의 목표나 목적을 달성하려는 목표 지향적 행동이기 때문에, 리더십의 결과는 리더와 조직 구성원 상호간의 영향관계에 달렸다. 이 영향과정에 따라 조직 구성원의 행동은 물론 의도한 성과의 달성 여하가 결정되고, 나아가서는 이로 인한 만족감도 결정된다. 그러므로 영향과정의 형태와 이에 작용하는 요소들은 리더십의 결과와 밀접한 관계를 갖고 있다. 그러나 여러 가지 유형의 리더십 중에서 가장 중요한 리더십은 무엇보다도 섬김과 나눔의 복지적 리더십이라고 생각한다. 이 복지적 리더십을 바로 봉사 리더십이라고 본다.

봉사 리더십은 전통적 리더십 스타일의 대안으로 직원들의 개인적 성장을 신장시키는 동시에 조직의 질적인 개선을 시도한 새로운 리더십 이론이다. 봉사 리더십에서는 팀워크, 지역공동체, 의사결정에의 참여, 윤리적 행태 등을 강조한다. L. Spears는 이러한 봉사 리더십을 인간개발의 새로운 시대에 알맞은 진정한 희망과 방향을 제시하는 것으로 주장하고 있다. 봉사 리더십은 1970년에 R. K. Greenleaf가 『리더로서의 봉사자』(Servant-Leadership)라는 책에서 만들어 낸 개념이다.

Greenleaf는 봉사 리더는 무엇보다도 먼저 다른 사람에게 봉사하는 사람을 규정짓고 있다. 리더로서의 봉사자 또는 하인은 먼저 봉사하고자 하는 자연스러운 감정을 가지게 되며 리더가 하고자 하는 운명을 의식적으로 선택하게 된다는 것이다.

봉사 리더의 특성은 경청, 감정이입, 영적인 치유, 자각, 설득, 개념화, 통찰력, 봉사정신, 성장의 몰입, 공동체 확립 등 10가지로 주장한다. 이것은 특징 자체가 손쉽게 얻어지는 특징이나 자질이 아니라 리더가 되고자 하는 사람들의 절대적인 노력이 필요하기 때문이다.

R. W. Smith는 전통적 리더십과 봉사 리더십과의 차이를 이론가, 가치, 신념, 수수께끼 풀이, 리더십 스타일, 부하의 스타일 등으로 규정하

고 있다.

리더십의 3대 기본 요소는 지도자, 추종자, 상황이다. 기독교적 리더십도 이 세 가지 요소를 다 가지고 있다. 그러나 기독교적 리더십은 그 목적부터가 세속적인 기업이나 정치단체의 리더십과 구별된다. 기독교의 리더십은 그 기초가 성경에서 비롯되어야 하며 인간사회를 넘어서서 예수 그리스도에 의해 평가받아야 한다.

미국 훌러 신학교의 지도자학 교수인 R. Klinton 박사가 기독교적 의미로 정의한 리더십 이론에 의하면 지도자란 첫째, 하나님의 능력을 받아 둘째, 영향을 끼치라는 하나님의 사명을 가지고 셋째, 일단의 하나님 백성의 그룹을 넷째, 하나님의 뜻대로 나아가게 하는 사람이라고 정의한다.

기독교적 지도자는 무엇보다도 하나님 중심적이며 그 중심적 윤리가 하나님의 목적을 이루도록 영향을 미치게 하는 데 있다. 하나님의 사람으로서 하나님의 뜻과 주권에 자발적으로 순복하는 자이다. 지도자 자신이나 그가 인도하는 그룹의 유익보다 그 그룹, 혹은 공동체에 향하신 하나님의 목적을 이루도록 지도하는 것이 기독교적 리더의 사명이다.

기독교적 리더는 '하나님이 주신 능력'으로 일하며, '하나님이 주신 책임'을 이루는 일이다. 기독교적 리더십은 일단의 그룹에 대해 지속적인 영향을 미치는 행위이다. 그 그룹은 대개 '하나님의 백성'인데 지도자가 책임져야 하며 무엇보다도 그 그룹을 향한 하나님의 목적을 분별해야 할 책임이 있다. 기독교적 리더십의 궁극적 목적은 하나님의 뜻을 이루는 데 있다.

예수님께서 우리에게 요구하시는 가장 중요한 가르침은 이웃사랑이라고 할 수 있을 것이다. 이웃사랑은 아주 넓은 개념이고, 다양한 방법들을 통해서 이웃사랑을 실천할 수 있을 것이다. 그러나 예수님께서 이웃사랑의 중요한 방법으로 이웃에 대한 리더십을 요구하고 있음을 발견하게 된다.

마 5:13에 "너희는 세상의 소금이니 소금이 만일 그 맛을 잃으면 무엇으로 짜게 하리요 후에는 아무 쓸데없어 다만 밖에 버리어 사람에게 밟힐 뿐이니라." 또는 마 5:16에 "이같이 너희 빛을 사람 앞에 비취게 하여 저희로 너희 착한 행실을 보고 하늘에 계신 너희 아버지께 영광을 돌리게 하라"라고 말씀하셨다. 그래서 기독교적 리더는 세상을 이끌어 가야 할 존재이다. 그러므로 세상에 대해서 리더십을 발휘해야 하는 이유는 이웃사랑의 방법으로서 리더십이 요구된다고 보는 것이다. 리더십은 집단적 기능의 하나로 집단 구성원으로 하여금 집단의 목표를 달성하도록 하는 것이란 정의를 적용해 보면 기독교인은 어떤 것이 바른 것이고 세상이 나아갈 바가 무엇인지 목표를 먼저 분명히 알고 있는 사람들이라고 볼 때 세상으로 하여금 그 목표를 향해서 나가도록 리더십을 발휘해야 된다고 본다.

기독교인들은 교회 안에서의 리더십이 분명히 있다. 그러나 교인들은 그것으로 역할이 끝나는 것이 아니라 동일한 원리를 갖고 세상 밖으로 나가서 그야말로 빛과 소금의 역할을 하기 위해 리더십이 필요하다. 세상에는 빛을 발휘해서 어두움을 밝혀 주어야 하는 부분이 먼저 깨달은 자에게 분명히 있다. 그러한 부분에서 기독교적 리더십이 필요하고, 또 하나는 소금과 같은 역할이 필요한데 세상이 이미 썩은 것이 아니고 구석구석 사랑, 봉사, 희생이 많이 살아 있는데 이런 자생적인 것들이 썩지 않도록, 보존되고 유지되게 하기 위해 기독교적 정신이 복지적 리더십과 함께 같이 가야 한다고 본다.

39

사회복지서비스 한계와 새로운 대안

사회복지서비스의 제공과 관련하여 공공 부문이나 민간 부문 중 하나만 선택한다는 것은 한계가 많다는 결론을 얻을 수 있다. 논리적으로 비영리 부문의 한계로 정부가 들어서면 다시 공공 부문의 한계가 드러나게 되고, 그에 따라 다시 비영리 부문으로 대체되면 이 부문의 한계가 드러나면서 공공 부문으로 대체될 것이 요구될 것이므로 이 양 부문 간의 끝없는 상호대체적인 관계가 지속될 것이다. 따라서 양 부문의 생산적 결합을 통하여 각 부문의 단점을 피하고 장점들을 결합하는 것이 바람직하다.

현실적으로 서구 유럽과 북미에서 복지국가위기론 이후 민간비영리조직과 정부와의 협력방식에 대한 사회복지서비스의 공급방안이 모색되고 있다. 복지국가와 관련한 비영리조직의 역할은 상반된 두 가지 측면이 있다. 하나는 신자유주의적 이념하에서 국가개입의 최소화를 비영리조직의 활동을 통하여 이룩하려는 시장 중심적 시각이고, 또 다른 하나는 강화된 비영리조직의 역할을 국가정책의 실질적 정책대안으로 자리매김하려는 공동체 중심적 시각이다. 전자가 비영리조직을 신자유주의적 정책 집행의 도구적 수준으로 치환한다면, 후자의 경우는 국가 기능의 시민사회이양(citizen empowerment)을 추구한다. 어떤 이론적 측면에서 비영리조직의 역할을 조명하건 자명한 것은 현재 복지국가에서 비영리조직의 서비스 공급 주체로서 역할이 강화되고 있다는 것이다.

이러한 경향은 주변부 국가 군을 제외한 서구, 동구, 남미의 22개국 비영리조직에 대한 비교실사를 통하여 얻은 후기복지국가 군의 비영리조직에 대한 연구 결과에서도 분명하게 나타나고 있다. 먼저 비영리부문의 유급취업인구 비율의 경우 남미와 동구의 경우 각각 2.1%, 1.3%인 데 비하여 서구 선진국의 경우 6.9%에 이른다. 유급취업인구에 자원봉사자를 합하면 그 비율은 더욱 큰 격차를 나타내, 서구의 경우 10% 내외, 그리고 동구와 남미의 경우 2.5% 내외이다. 또한 비영리조직의 활동 영역에 있어 서구 선진국의 대부분은 건강 및 사회복지서비스 부문에 치중하고 있다.

그리고 비영리조직의 재원조달 면에서 미국의 경우를 예외로 한다면 회비보다는 국가보조가 평균 60%를 넘어 정부와 비영리조직이 긴밀한 관계를 유지하고 있다. 미국의 경우 사업의 부문별로 보더라도 민간기관이 활동하는 부문 중 많은 부문이 그 재정의 50% 가까이를 연방정부로부터 지원받고 있으며, 민간의 사회서비스단체와 지역사회개발단체, 시민단체 등의 총수입 중 민간기부금이 차지하는 비중은 1/3에 불과하다. 또한 사회보장법 제20조에 의한 사회서비스재정 가운데 민간비영리단체나 영리단체가 제공하는 서비스를 매입하는 데 지출되는 액수는 전체의 약 50%를 넘는 것으로 추정되고 있다.

간단히 말하면 건강과 사회복지서비스 등을 제공하는 민간비영리조직의 재원의 상당 부문을 정부가 제공하고 있다는 것이다. 이러한 경향을 두고 크레머(Kramer)는 "오늘날 민간비영리조직들의 정부에 대한 의존도는 과거 어느 때보다 높아져 있는데도 불구하고, 민간비영리조직의 전국 연합체들이 자신들을 '독립부문(independent sector)'라고 이름 붙이는 것은 매우 아이러니한 일이다."라고 지적하였다.

이와 같이 사회복지서비스 공급을 위하여 정부와 비영리조직의 협력관계가 발생하는 것은 비영리조직이 영리조직과는 다르게 이윤추구를 목적으로 하지 않고, 정부와 마찬가지로 다수를 위한 공익을 추구하기 때문이다. 사회복지서비스에 대한 정보가 제대로 제공되지 않는 경우 이윤을 추구하지 않는 비영리조직이 영리조직보다는 상대적으로 더 나은 서비스를 제공할 것이라는 신뢰를 받게 된다. 따라서 영리조직보다는 비영리조직이 '복지국가의 위기' 이후로 시장과 국가 양자의 실패의 결과로 남겨진 사회복지서비스를 전달하기에 더욱 적절한 존재로 간주되고, 사회복지서비스를 공급하는 데 있어서 정부와의 협력이 강조되는 것이다.

이와 같은 정부와 민간비영리조직 간의 상호협력을 통해 사회복지서비스를 제공하는 데에는 다음과 같은 장점들이 있다. 정부가 민간비영리조직에 보조금을 지원함으로써 정부는 공무원과 관료제를 통해 서비스를 제공하는 데 따르는 각종 어려움을 피하면서 보다 신속하게 서비스를 제공할 수 있다. 이러한 장점은 특히 실험적인 사업이나 시범사업 등에서 두드러지게 나타난다. 또한 정부는 비영리조직과 계약을 통한 서비스 매입방식을 사용함으로써, 접근이 곤란한 집단이나 소수집단이 처한 특수한 상황에 맞는 프로그램을 제공할 수 있다. 정부는 지역사회에서 이미 활동하고 있는 민간비영리조직들이 가진 각종 자원과 전문지식에 의존함으로써 정부가 서비스를 제공하는 경우보다 특수집단의 상황에 훨씬 더 부합된 서비스를 제공할 수 있다.

바로 이러한 면 때문에 민간비영리조직의 독립성에 대한 문제제기에도 불구하고 근대 복지국가의 미래에 대한 대안으로 국가의 전적으로 의존하거나 민간 부문에 전적으로 의존하는 이원적 차원에서의 선택이 아닌, 이 양자 간의 협조가 모색되고 있으며, 이러한 협조의 다양한 형태 중에서도 바로 정부와 비영리조직의 협력에 비교 우위를 두고 있는 것이다.

40

통합 Network와 종교지원체계

우리 사회에 비정부조직(Non Governmental Organization)의 부상은 1980
년대 후반에 이르러 빠르게 성장하였다. 그 후 서비스 전달체계에서 국
가의 직접적인 서비스 전달보다는 국가의 재정지원을 통한 비영리민간단
체에 의한 서비스 전달체계를 구축하려 했다. 정부의 기능 축소로 가족
과 기업, 지역사회, 종교 등 민간 부문의 역할 확대가 일어난 데에는 역
사적으로 종교적 자선단체나 지역공동체조직에 의해 출현하였다고 볼 수
있다.

물론 종교계의 사회복지 역할이 종교계의 본질적인 목적 달성에 있기
도 하지만 이들은 민간 부문으로서 미흡한 정부의 사회복지를 보완하고,
사회적 약자 또는 소수의 권익 보호 및 인간적 욕구 충족, 가치와 믿음의
보존과 전승, 공민의식(civic responsibility)과 이타주의(altruism)를 촉진하
여 개인이 자기의 정체성을 가지고 자기 삶의 주체와 창조적 행위자로
행동하게 되므로, 소외를 극복하게 하는 데 상당한 기여를 해 왔다. 앞으
로 우리 사회 노인층은 교육수준이나 경제력에 있어서 현재의 노인인구
보다는 월등한 조건을 지니게 될 것이다. 아울러 노인들이 여가운동, 문
화활동, 경제활동 및 사회활동 등으로 적극적인 삶을 영위하고자 하는
욕구도 매우 강해지고 다양해질 것이다.

이에 대한 장기적이고 다양한 사회적 개입요구에 부응하기 위해 현재 누적되어 온 국가자원 부족의 한계를 감안하여 한국 종교계의 사회적 역할 강화, 즉 민간 부문으로서 종교의 역할 강화와 사회복지계와의 연계를 통한 다양한 접근방법과 정부와 민간 간의 서비스 공급체계에 대한 논의가 요구되고 있다. 우리나라 전 인구의 반 이상을 차지하고 있는 종교계는 많은 자원과 잠재력을 가지고 있고 다양한 사회복지 활동을 전개하고 있다. 특히, 기독교회는 선교 초기부터 사회복지활동의 대부분을 수행하여 왔다.

한국사회의 21세기는 고령화 사회(Aging Society)에서 고령 사회(Aged Society)로 진입하는 시기에 있다. 하지만 우리 사회는 노인인구의 급증에도 불구하고 이들에 대한 사회복지제도가 아직 적절한 수준으로 정비되지 않은 상태이다. 선진국처럼 노인을 위한 사회보장제도가 마련되지 못한 우리나라는 사회복지체계가 취약하고 가족 부양의 기능이 약화되는 상황에서 고령화 사회(Aging Society)에서 고령 사회(Aged Society)로의 이행은 노인의 삶의 질에 심각한 위기와 도전을 주게 된다. 이런 상황에서 노인 부양의 책임을 단순히 개인과 가족의 몫으로 돌리는 일은 현실적으로 많은 문제점을 초래하기 마련이다.

또한 국가(Governmental Organization)가 노인문제를 사회적 책임으로 돌리고 정책적으로 노인복지문제를 해결하는 것도 한계점이 드러난다. 정부 위주의 공적 서비스 기능을 보다 효율적으로 수행하는 대안 모형이자, 세계화 프로젝트를 위한 중심 세력인 비정부조직(Non Governmental Organization)도 사회에 대한 책임성이 강조되고 있다.

요즘 지역시니어클럽 등 새로운 서비스 전달체계가 나타나는 것도 바로 국가가 감당하기 어려운 부분을 비정부기관(Non Governmental Organization)인 민간단체들이 보완해 줄 것을 요청하는 한 형태인 것이다. 이에 대해 서구를 비롯하여 우리 사회에서 민간비영리기관의 역할을 수행하는 대표적인 단체로 종교계를 꼽고 있다. 현재 노인복지관을 운영하는 주체는 다양하다. 시나 구에서 직영하는 경우도 있고 노인지회나 시설공단에서 운영하는 경우도 있고 종교법인이나 학교법인 등에서 운영하는 경우도 있다.

각각 운영 주체별로 운영 효과와 노인복지서비스 질적 서비스 면에서 상당한 차이가 있다. 현재 노인복지관 중에서 가장 열악한 환경에서 서비스가 질적으로 떨어지는 경우는 경로당 수준을 벗어나지 못하는 경우가 많다고 한다. 더 심한 경우에 어느 지방은 청소년들이 모여서 본드를 흡입할 수 있는 시설로 방치되는 경우도 있다고 한다.

노인들이 남은 생을 보낼 수 있는 유일한 처소인 노인복지관이 노인들의 복지욕구에 상당 부분 미치지 못하지만 그런대로 이용할 수 있는 시설과 프로그램을 준비하여 운영하는 곳은 얼마 되지 않은 것으로 조사되고 있다. 그래서 운영 주체별로 노인복지관의 서비스 효과가 어떤 형태로 나타나는지 살펴봄으로써 노인복지서비스 개선방안과 방향성이 모색되리라고 생각한다.

민간비영리기관인 종교단체에서 운영 주체가 되어 운영하고 있는 노인복지관과 노인지회나 시설관리공단에서 운영하는 노인복지관의 서비스와 노인복지욕구 만족도가 현저한 차이가 있을 것이라는 가설하에 종교단체가 가지고 있는 잠재적인 지원체계를 이용한 통합 네트워크의 효과를 분석하면 노인복지서비스 효율성 요인을 알 수 있을 것이다.

41

전문성과 교회 사회사업 실천

교회 사회사업의 실천 개념을 Diakonia의 사상으로 하나님의 사랑의 실천으로 이루어진다고 볼 수 있다. 그리고 세 가지에 목적을 두고 있다.

첫째, 개인과 집단으로 하여금 그와 환경 간에 불균형 상태가 일어났을 때 문제를 올바로 찾아내어 이의 심각도를 감축시키거나 해결할 수 있도록 교회가 도와주는 일이다.

둘째, 개인이나 또는 집단이 그와 환경 간에 불균형이 일어날 수 있는 잠재적인 문제가 도사리고 있는 부분을 찾아내어 불균형 상태가 일어나는 것을 교회가 사전에 예방하는 것이다.

셋째, 개인과 집단과 지역사회 내의 최대한의 잠재력을 찾아내고 확인하며, 이를 교회가 강화시켜 주는 것이다.

1970년대에 들어서 임상실천, 직접실천 또는 거시적 실천이라는 용어들이 등장하였다. 교회 사회사업 실천에 있어서 클라이언트의 문제들을 해결하기 위해 미시적(micro), 메조(mezzo), 거시적(macro) 전략들을 채택한다. 미시적 접근은 개인이나 가족, 집단에 초점을 두는 데 비해, 거시적 접근은 더 커다란 사회체계에 관심을 둔다. 거시적 실천에서는 대면접촉(face to face)을 통한 서비스 전달은 최소화되고 사회계획이나 지역사회조직의 과정이 주로 관계된다. 그러나 효과적인 실천은 이러한 세 차원에 관련된 지식을 모두 요구하며 교회는 영적인 부분으로 접근해서 새로운 접근을 모색해야 할 것이다.

미국의 사회복지사협회는 사회사업 실천은 일련의 가치(value), 목적, 인정(sanction), 지식 그리고 방법론(method) 등에 의해 확인될 수 있다고 했다. 따라서 전문 사회사업 실천을 구성하는 5가지의 요소들을 구체화하면 다음과 같은데 교회 사회사업의 실천의 영역은 교회만의 독특한 Diakonia(나눔과 봉사) 사명을 중심으로 이루어져야 할 것이다.

사회사업 전문직의 기본적 가치는 인간의 존엄성과 사회정의 실현에 있다고 할 수 있다. 인간의 존엄성과 가치는 모든 사람들이 생래적인 가치와 존엄을 가지고 있다는 것이다. 사회정의는 공동선과 인간의 잠재적인 발달에 필요한 자원에 대한 권리로서 사회가 가진 동일한 기본권리, 보호, 기회, 의무 그리고 사회적 이익을 모든 구성원들이 누릴 수 있는 이상적인 상태를 말한다.

모든 전문직은 사회에서 책임져야 할 할당된 기능을 가지고 있으며 국가, 지역사회, 기관, 클라이언트 그리고 전문직 자체로부터 공식적 또는 비공식적 인정 내지 인가를 받아서 실천되어야 한다. 과거에 사회사업이 전문직의 속성을 갖추고 있느냐는 논란이 일곤 했다. 결론적으로 사회사업은 전문직으로서의 갖추어야 할 조건을 충족시킬 수 있는 개념과 기준을 가지고 있다고 보아야 한다.

사회복지는 인간에 관한 지식이라고 할 수 있으나 아직까지 인간에 관한 한 절대적인 지식이 없다고 본다. 지금까지 인간을 연구하는 과학이 인간에 대한 일반화된 지식의 체계를 이룩해 놓았다 할지라도 인간행동의 현상에는 항상 예외성이 강하기 때문에 인간의 행동은 자의적이며 예측할 수 없는 성격의 것이라는 점을 전제해야 할 것이다.

그러면 지식은 무엇인가? 지식은 광대하고 다양한 의미를 가진 용어이다. Max Siporin은 지식은 우리가 사실로 간주하는 또는 진실일 가능성이 매우 높은 현실(reality)에 관한 인지적·정신적 내용(아이디어, 신념)이라고 규정지었다. 사회사업 실천도 강력한 지식 기반 위에서 수행되는 것이 강조되고 있다. 사회사업 실천을 위한 지식은 전통적으로 다른 학문, 특히 심리학이나 사회학에서 도출되어 왔다. 그러나 전문직으로 성장함에 따라 사회복지사들은 사회사업 실천 그 자체에서 도출되는 지식에 더 실천의 기반을 두기 시작했다. 한 가지 문제는 실천가들이 실천상의 관습적 경험에서 오는 상식적 지혜를 실험적으로 검증된 지식보다 더욱 많이 활용한다는 것이다. 전문 사회사업이 목적을 성취하기 위해서는 사실(facts)이 필요하기 때문에 현재의 추세는 비확인된 아이디어보다는 과학적 지식에 점차 강조를 두고 있다. 과학이라는 실증적 특성을 갖는 지식 기반을 개발하기 위한 시도가 진행되고 있는 것이다. 그러나 많은 사회복지사들은 사람들을 돕는 데 있어서 상식이면 충분하다고 주장하거나 그러한 과학적 시도를 회피하고 거부하는 태도도 있는데, 이는 과학적 방법인 조사연구가 사회사업의 중심인 인본주의 요소와 잘 조화되지 않는다는 생각과 관계가 있다. 또한 사회복지사가 다루는 문제의 성격은 너무 복합적인 것이라서 과학적 조사기법으로는 측정될 수 없다는 신념도 작용하기 때문이다.

사회사업 실천에 있어서 방법론이란 앞에서 밝힌 가치관과 지식을 바탕으로 활동을 전개해 나가는 절차를 체계화시킨 것으로서 개인의 문제를 다루는 개별사회사업, 집단의 문제를 다루는 집단사회사업, 그리고 지역사회 전체의 문제와 통합을 다루는 지역사회개발 내지 지역사회조직사업을 들 수 있다. 그러나 이런 방법들은 실제적인 사회사업 실천 상황에 있어서 통합적으로 적용되어야 하는 것으로서 사회복지사는 한 개인의 문제를 볼 때에도 그가 속한 집단과 지역사회의 맥락에서 파악하고 치료 내지 변화를 시도할 때에도 개인은 물론 집단과 지역사회의 변화를 동시에 꾀하는 것이 이상적이다. 이러한 측면을 구현하는 것이 바로 일반적 실천(Generalist approach)이다. 이와 같은 방법론은 기법(technique)과 기술(skill)의 양면을 지니며, 기법을 도구라고 한다면 기술은 이런 도구를 효과적으로 활용하는 숙련성이라고 할 수 있다. 이제 교회 사회사업도 전문성으로 접근해야 하리라 본다. 전문성 없는 의사

는 의사로서의 영역과 자격에 문제가 있듯이 교회 사회복지도 전문성과 함께할 때 비로소 그에 따른 열매를 기대할 수 있다고 본다.

42

지역사회조직을 통한 교회 사회봉사

교회 사회사업이란 보는 관점에 따라 기독교와 사회복지의 접목이라고도 하고 때로는 기독교와 사회복지의 통합이라고도 한다. 그러나 이러한 관점이나 접근방법은 교회 사회사업을 논할 때 기독교와 사회복지를 이질적인 것으로 보고 양 영역 간의 화해와 회합의 결과로 보는 견해가 주종을 이루고 있다. 그러나 기독교와 사회복지란 역사적으로나 가치적으로나 이념적으로나 상호이질적인 것이 아니라 동일한 영역에서 동질의 것을 추구하며 발전해 왔다. 교회 사회사업이란 하나님을 믿는 성도들이 하나님 말씀에 순종하여 나눔과 섬김으로 하나님의 사랑을 세상에 전파하고 세상 가운데 실천해 나아가는 기독교인들의 체계적 노력이다. 사회복지사회사업(social work)으로 말한다면 기독교 사회복지는 하나님의 사업(God's Work), 하늘의 사업(Heaven's Work), 거룩한 사업(Holy Work)으로 말할 수 있다. 동시에 기독교 사회복지는 인간을 영생으로 인도하고 하나님의 형상을 회복하려는 일련의 구원사업(Salvation Work)이다. 베푸는 사랑을 실천한 기독교 사회복지는 하나님의 사업으로써 나눔의 사랑, 섬김의 사랑을 실천한다고 할 수 있다.

교회 사회사업이란 기독교의 근본정신인 이웃사랑과 봉사와 헌신을 통해서 세상 가운데 열악한 처지에서 살아가는 사람들의 물질적·신체적·정신적 고통을 양적·질적으로 완화하게 하고 생활상의 곤란을 개선하므로 그들의 삶의 질을 높이고 성서적 정의를 실천하며 상실한 하나님의 형상을 회복하는 기독교인들의 제도적이고 체계적인 노력이자 가치체계를 말한다.

교회가 교회 사회사업을 실천하는 데 대해 서로 다른 주장을 하고 있다. 그러나 분명한 것은 교회는 구제기관이 아니다. 그러나 구제는 교회가 수행해야 할 근본적 의무 가운데 하나다. 교회는 봉사기관이 아니다. 그러나 봉사는 교회가 수행해야 할 사명 가운데 하나다. 교회는 사회복지기관이 아니다. 그러나 사회복지는 교회가 수행해야 할 근본적인 덕목 가운데 하나다.

교회 사회사업이란 나눔과 섬김의 사랑실천을 바탕으로 사회복지를 교회 현장에서 전문적으로 실천하는 활동이다. 즉 교회 사회사업이란 사회사업 실천방법을 활용하여 기독교 사회복지의 근본적인 생명존중과 이웃사랑에 입각하여 개인과 집단 또는 지역사회가 그들이 사회적 기능을 잘 실천하도록 능력을 향상하게 하거나 회복하게 하는 것을 도와주고 이러한 목적에 맞는 사회적 환경을 창조하는 전문적인 실천활동을 말한다.

지역사회조직을 통한 교회 사회사업은 크게 세 가지 유형으로 구분할 수 있다. 첫째 모형은 교회가 독립적으로 사회복지제단을 설립하여 시설을 갖추고 지역사회 내에서 사회봉사활동을 전개하는 모형이다. 둘째 모형은 교회 자체에 여러 형태의 자원들(시설, 인적자원, 제정, 조직 등)을 이용하여 사회봉사를 실천하는 모형이다. 셋째 모형은 교회가 직접 사회봉사시설이나 프로그램을 갖추지 않고 교인들이 지역사회 내에서 자원봉사활동으로 사회선교적 책임과 사회요원으로서 사명을 다하도록 동기화하고 훈련하고 봉사할 기회를 창출하여 제시해 주는 모형이다. 이 세 가지 교회 사회사업모형들은 지역사회 내의 실정과 교회의 사정에 따라 선택적이거나 조합적으로 활용할 수 있다. 세 가지 유형 이외에 교회는 지역사회자원을 활용하는 다양한 연계사업을 통해 교회 사회사업을 실시할 수 있다. 오늘날 사회사업을 수행하는 데에는 보통정신(mind)·물질·시간·시설·조직·사람·지식과 같은 일곱 가지 요소들이 필요하다고 한다. 한국교회 중 일부는 이와 같은 7대 요소를 대체로 잘 갖추고 있지만 상당수의 교회들은 이러한 요소들이 부족한 상태에서 운영되고 있다. 그러나 자원이 풍부해야만 교회가 사회사업을 실천할 수 있는 것은 아니다. 비록 자원이 부족하더라도 교회 사회사업에 대한 실천의지만 확고하다면 교회가 지역사회조직을 통해 연계하여 사업을 실천할 수 있는 것이다.

교회가 성도들만의 교회가 아니라 지역사회 안에서 함께 공유하는 교회로서 나아가고, 개교회의 여건 부족으로 교회 사회봉사를 실천하기 어려웠던 부분들을 나눔과 섬김의 예수 그리스도의 사랑실천(교회 사회봉사)을 바탕으로 지역사회조직과 연계하는 교회로 나아갈 방향을 제시하고자 한다. 지역사회조직은 지역사회의 욕구나 목적을 발견하고, 이 욕구나 목적의 우선순위를 정하여 목표 달성을 위한 확신과 의지를 발달시키며, 이의 성취를 위하여 내적·외적 자원을 발견하여 작용을 가하고, 지역사회에 있어서 협동적·공동적인 태도와 실천을 확대·증진시키는 과정을 의미한다. 즉 중간 집단 사업과정을 말한다.

지역사회조직의 주요 목적은 가장 중요한 사회적 욕구와 그 욕구의 우선순위를 결정하고 주민들의 욕구를 해결하기 위하여 세심한 계획을 수립하고, 이러한 목표를 달성하기 위하여 지역사회의 자원을 효과적으로 조정·동원하고, 사회복지서비스의 수혜자와 지역사회복직의 목적과 발달을 추구하고 주민의 적극적인 참여를 권장하는 것이며, 건전한 계획과 서비스를 발전, 수정, 종결시켜 사회사업의 기준을 향상시키고 민간기관을 효과적으로 증가시키며, 조직, 집단 그리고 사회복지 프로그램과 서비스에 관련된 개인 간의 상호관계성을 향상·촉진시키는 것으로 복지문제와 욕구에 대한 보다 나은 이해와 사회사업의 목적, 프로그램 및 방법을 개발시키는 것이다. 이의 추진을 위해서는 지역사회조직에 여러 계층의 개인과 집단의 참여가 필요하다. 즉 특별히 훈련된 지역사회조직가와 개별사회사업가, 전문가, 공무원, 소비자 및 일반 시민 등이다. 사회복지란 인간의 행복(복지)을 추구하는 모든 사회적 노력을 칭한다.

한편 사회복지에 대한 기독교의 관점은 하나님의 형상대로 지음 받은 인간은 누구나 동등하고 소중한 하나님의 자녀이며 어떠한 처지나 조건 속에서도 무시되거나 소외되어서는 안 되는 존중받아야 할 존재라고 보는 데 있다. 또한 인간 존엄성에 기초한 참다운 인간의 삶을 저해하는 모든 요소들을 제거하고 예방하며 모든 비인간화의 사회적 모순과 환경의 개선까지도 관심을 기울여 복된 사회, 즉 하나님의 나라를 이 땅에도 건설하자는 데 그 목적이 있다고 할 수 있다.

그런 의미에서 교회 사회사업이란 기독교의 복음에서 "네 이웃을 네 몸과 같이 사랑하라."는 예수 그리스도의 지상명령을 반영한 사상이라 할 수 있다. 또한 사회복지, 사회보장, 사회사업 등의 근본 사상이나 개념, 프로그램과 활동 등도 주로 서구 사회의 기독교 논리에 그 뿌리를 두고 있다. 어떤 의미에서 볼 때 "네 이웃을 네 몸과 같이 사랑하라."는 말씀은 하나님의 계명 중 가장 큰 계명을 세속화 사회에서 세속방법으로 나타낸 것이라 할 수 있다.

43

효 선교를 위한 노인복지 실천

교회의 본질적 사명은 복음의 선포(Kerygma), 사랑의 친교(Koinonia), 이웃에 대한 책임 있는 봉사(Diakonia)로 볼 수 있다. 한국교회의 놀라운 발전과 부흥은 20세기 선교사상 놀라운 기적으로 평가되고 있다. 그러나 선교 21세기를 맞는 한국교회는 지금까지 교회 사회봉사와 사회개발에 대해 분명한 태도를 지니고 있지 못하다는 것이다. 교회 사회사업은 교회의 원조(援助)로부터 시작한 사회사업이다. 교회는 기독교의 원칙과 전통에 맞게 사람의 종교적인 삶을 개발, 갱신, 지도하기 위한 조직이다. 교회는 교리와 강령 안에서 성문화된 믿음의 체계가 있고, 이것은 독특한 방식으로 조직의 문화를 규정한다.

교회 사회사업은 교회가 주체가 되어 사회를 대상으로 제공하는 봉사활동 및 사업이라고 잠정적으로 정의할 수 있다. 여기서 말하는 사회봉사란 영어의 Social Services에 해당하는 용어로 종종 사회적 서비스라고 번역되기도 하는 말이며 우리 사회에서 널리 사용되는 사회복지 혹은 사회사업이란 용어와 거의 비슷한 것으로 이해할 수 있다.

사회봉사는 인간 개개인에게 경제적, 사회적 혜택을 충분히 누릴 수 있도록 공공기관 또는 민간기관에 의해 제공되는 서비스를 의미한다. 즉 사회봉사는 공·사 기관들에 의해 제공되는 프로그램이나 서비스 및 기타 제반 활동이므로 이 정의에 비추어 보면 교회의 사회사업은 교회라는 민간기관에서 제공하는 복지프로그램이나 복지서비스 및 사회봉사활동을 의미한다고 보겠다. 즉 교회 사회사업이란 이상과 같은 사회적 서비스를 교회라는 매개를 통해서 이루는 것이다. 여기서 교회 사회사업의 범위는 "사회적 서비스는 개인과 집단의 복지 증진과 곤경에 처한 사람을 돕기 위한 공동의 급여이기에 가족복지, 아동복지, 노인복지, 병원과 학교에서의 상담 프로그램뿐만 아니라 보건, 교육, 주택, 소득보장까지도 포함시킬 수 있는 것이다."라고 주장한 Kahn의 개념에서 찾는 것이 적합할 것이다.

교회 사회사업의 실천 개념을 Diakonia의 사상으로 하나님의 사랑의 실천으로 이루어진다고 볼 수 있다. 그리고 세 가지에 목적을 두고 있다. 첫째, 개인과 집단으로 하여금 그와 환경 간에 불균형 상태가 일어났을 때 문제를 올바로 찾아내어 이의 심각도를 감축시키거나 해결할 수 있도록 교회가 도와주는 일이다. 둘째, 개인이나 또는 집단이 그와 환경 간에 불균형이 일어날 수 있는 잠재적인 문제가 도사리고 있는 부분을 찾아내어 불균형 상태가 일어나는 것을 교회가 사전에 예방하는 것이다. 셋째, 개인과 집단과 지역사회 내의 최대한의 잠재력을 찾아내고 확인하며, 이를 교회가 강화시켜 주는 것이다. 1970년대에 들어서 임상실천, 직접실천 또는 거시적 실천이라는 용어들이 등장하였다.

교회 사회사업 실천에 있어서 클라이언트의 문제들을 해결하기 위해 미시적(micro), 메조(mezzo), 거시적(macro) 전략들을 채택한다. 미시적 접근은 개인이나 가족, 집단에 초점을 두는 데 비해, 거시적 접근은 더 커다란 사회체계에 관심을 둔다. 거시적 실천에서는 대면접촉(face to face)을 통한 서비스 전달은 최소화되고 사회계획이나 지역사회조직의 과정이 주로 관계된다. 그러나 효과적인 실천은 이러한 세 차원에 관련된 지식을 모두 요구하며 교회는 영적인 부분으로 접근해서 새로운 접근을 모색해야 할 것이다.

교회가 이러한 사회사업을 시작할 때 그 근거는 교회의 중요한 기능

중의 하나인 Diakonia라는 말속에서 찾을 수 있다. 봉사활동의 원동력이 되는 Diakonia라는 말속에는 생명과 복지에 대한 본질적인 의미가 담겨 있고 지역사회에 뿌리를 내리고 있으면서도 범세계적인 초월성을 지니는 뜻이 있다. 또한 예방적 특성을 강조하며, 구조적이면서도 정치적인 차원에 관심을 가지고 인도주의에 바탕을 두고 있다. 이처럼 봉사라는 말의 의미를 통해서 볼 때 교회 사회사업이란 교회의 좁은 울타리를 넘어서서 이루어지는 이웃사랑의 한 실천방법이자 그 철학이라 할 수 있다.

앞으로는 정부와 사회복지의 실천만으로는 노인의 욕구를 해결할 수 없다고 보고 NGO적 입장에서 교회가 Diakonia의 사명을 가지고 섬기는 공동체로서의 교회상을 교회가 어떻게 회복하여 바른 교회상을 정립할 것인가와 교회의 자원을 어떻게 지역사회와 유기적으로 활용할 것인가를 연구하는 것이 앞으로의 과제이다. 그리고 'Diakonia'를 통한 교회상의 회복과 정립을 모색하고 방향성을 제시하여 사회복지의 자원활용을 살펴보는 것을 주요 과제로 보아야 한다.

한국교회는 전문적 사회사업의 실천 영역에서 사회복지의 영역 중 특히 노인복지를 중심으로 효 선교를 위하여 노인복지 실천을 복지목회적 입장에서 이루어 나아가야 할 것이다.

44

교회 사회사업의 윤리와 가치

기독교의 정신과 가치관은 사회복지 실천원리에 기초하고 있으며 교회 사회복지의 실천은 기본적으로 사회복지 전문직의 가치와 윤리에 기반을 두고 있으면서 성경적 세계관에 기초한 실천을 요청하고 있다.

사회복지활동의 기본적 가치로는 다음과 같은 원칙과 지침을 가질 수 있다.

첫째, 인간의 존엄성과 가치존중이다. 사회복지는 각 사람의 가치를 존중하고 개인적 차이와 문화적, 인종적 차이를 존중한다. 사회복지활동은 클라이언트의 의사결정을 증진시키며, 클라이언트의 욕구 충족을 위한 그들 자신의 능력과 기회를 향상시키기 위하여 노력한다. 또한 사회복지는 클라이언트의 사회에 대한 이중적 책임을 인식해야 하며, 전문직의 가치와 윤리적 기준에 비추어 클라이언트의 이익과 사회의 이익 간의 갈등을 해결하기 위해 노력한다.

둘째, 인간관계의 중요성이다. 사람들과의 관계는 변화를 위한 중요한 수단이 되며, 사람들을 원조과정에 파트너로 참여시킨다. 사회복지는 개인, 가족, 집단, 조직, 지역사회의 복지를 증진하고 회복, 유지시키기 위한 활동에서 사람들 간의 관계를 강화한다.

셋째, 사회정의이다. 사회복지는 사회적으로 취약한 위치에 있는 사람들을 위하여 그들과 함께 활동하고 사회적 변화를 추구하며 사회적 불의의 문제에 초점을 둔다. 사회복지는 모든 사람들에 대하여 의사결정과정에서의 의미 있는 참여, 필요한 정보, 서비스 또는 자원에의 접근, 기회의 균등을 보장하기 위하여 노력한다.

넷째, 봉사이다. 사회복지의 일차적인 목표는 욕구를 갖고 있는 사람들을 원조하고 사회문제를 해결하는 것이다. 사회복지는 자신의 이익을 초월하여 다른 사람들에 대하여 봉사하며, 자신의 전문적 기술의 일부를 물질적 보상이 없이 제공할 수 있다. 인간의 존엄성과 가치존중 그리고 인간관계의 중요성이라는 사회복지 실천의 가치는 기독교의 십자가의 정신과 이웃사랑의 정신과 일치한다. 성경적 세계관에 기초한 사회복지 실천은 이러한 사회복지 가치와 윤리가 성경의 가르침에 일치하는가를 항상 확인하고, 말씀과 실천이 통합되는 방향으로 이루어지도록 해야 한다.

사회복지 실천의 윤리적 결정지침으로는 다양한 윤리적 결정지침과 모델이 존재하지만, 대표적으로 리머(Reamer)에 의한 윤리적 결정과정과 결정지침을 들 수 있다. 사회복지 전문직의 윤리적 결정지침은 근본적으로 하나님께서 자연은총으로 부여하신 인간 내면의 양심과 도덕률에 기초한다.

성경의 말씀에 기초한 확고한 윤리적 기초가 없으면 위와 같은 전문직의 원칙과 지침에도 불구하고 사회복지 실천의 상황에서 가치의 옳고 그름과 우선순위를 결정함에 있어 기초가 흔들리게 된다. 현대 사회에서 종교적 관점이나 도덕 의무론의 관점보다는 공리주의 관점이 우선하는 경향이 있어 교회 사회복지 실천에서는 확고한 성경적 세계관에 기초한 가치와 윤리의 적용이 요청된다.

성경적 세계관에 기초한 교회 사회복지 실천으로 첫째, 성경은 사회적 실재를 이해하는 데 도움을 준다. 사실(Fact)은 일정한 해석의 준거틀이 없으면 아무 의미를 갖지 못한다. 우리가 어떤 사실을 갖고 있다 하더라도 사실 그 자체는 그것이 무엇을 의미하는지, 우리가 어떻게 행해야 하는지를 말해 줄 능력이 없다. 세속주의의 세계관은 생명의 생물학적인 존재에만 가치를 두고 그 이상은 의미가 없다고 보고 성경적 세계관은 생명은 창조주로부터 주어진 선물이며 생물학적인 존재를 초월한다고 본다. 동일한 사실에 대해 각각의 다른 세계관은 다른 해석을 하며, 다른 결과를 가져오며 사회복지 실천과정에서도 그들이 처한 상황에 관한 이해에서 우리가 믿는 바는 우리의 행동방향에 영향을 미친다. 이것은 다른 사람을 이해하고 돕는 사회복지 실천과정에서도 마찬가지이며, 사람의 본질, 그들이 처한 상황에 관한 이해에서 우리가 믿는 바는 우리의 행동방향에 영향을 미친다.

둘째, 성경은 사회복지 실천의 가치에 대한 이해에 영향을 미친다. 많은 사회사업 실천가들은 개인의 존엄성과 가치를 인정하나 그러한 가치가 궁극적으로 근거하고 있는 기초를 부인한다. 믿음이 없는 가치는 절대성을 지니지 못하며 상황의 변화에 따라 쉽게 상대적인 것으로 변한다.

셋째, 성경은 인간의 본성과 가치에 대한 이해에 영향을 미친다. 가장 견고한 기초는 인간의 본성과 가치, 세계에 관하여 하나님께서 성경을 통하여 말씀하신 것에 있다.

넷째, 성경에 기초한 인간과 사회에 관한 이해의 기본 요소이다. 교회 사회복지 실천을 위한 인간과 사회에 대한 바른 이해는 성경의 가르침에 근거해야 한다.

성경은 사회복지 실천의 윤리적 갈등의 상황에서 상충하는 가치 중 어느 것이 우선적인가 혹은 옳고 그른가를 판단하는 기준이 된다. 사회복지 실천의 전문직 윤리강령과 지침이 존재하더라도 그것을 적용하고 실천하는 것은 사회복지사의 세계관이다. 성경적 세계관의 윤리적 결정은 전문직의 사회복지사 윤리강령과 윤리적 결정원칙과 지침을 적용하되 그러한 원칙과 지침들이 성경의 말씀에 비추어 정당한가를 살펴보아야 한다.

45

민간 차원 복지 참여 필요성

오늘날 선진 산업 국가들은 모두가 자신의 공적 노인지원체계의 생존 가능성을 위협하는 문제, 즉 노령인구의 증대라는 문제에 봉착해 있고 이 문제는 점점 더 심각해져 가고 있다. 2020년에는 고령 사회가 될 것이라고 매스컴은 계속 보도하고 있다.

더구나 노동시장 침체와 사회보장제도의 재정위기를 겪고 있는 한국의 현실은 노인복지재원을 정부재정, 기부금, 수혜자 부담금 등으로 조달하고 있다. 노인인구의 상대적, 절대적 증가와 산업화의 과정에서 경제, 사회적 자원의 미약으로 인한 노인문제는 그 심각성을 날로 더해 가고 있다.

예전에는 노인들이 가족이라는 테두리 안에서 정성어린 보호와 존경을 받으며 생활해 왔지만 이제 가족뿐 아니라 국가와 사회로부터 적절한 보호와 지원이 필요하게 되었다. 경제적·신체적 측면 외에 이제는 정신적·사회적 서비스로까지 노인복지욕구가 확대되어 매우 다양하게 나타나고 있다.

이렇게 복잡하고 분화된 사회조직, 다양한 서비스욕구, 정부재정의 압박, 시민의 자발성과 참여욕구의 증대 등과 같은 문제를 안고 있는 현시대에는 정부가 단독으로 사회문제 해결을 위한 복지서비스 제공은 불가능하다. 이를 포용할 수 있는 신축적인 제도로서 비정부조직(Non Governmental Organization)의 참여가 요구된다.

특히, 한국노인욕구의 20%에도 미치지 못하는 정부기관의 노인복지 수혜정책이 고령 사회인 2020년이 될 때까지 과연 얼마만큼 증가하게 될 것인가?라는 물음과 함께 민간의 복지 참여에 대한 중요성과 필요성을 더욱 증대시키고 있다.

우리 사회에 비정부조직의 부상은 1980년대 후반에 이르러 빠르게 성장하였다. 그 후 서비스 전달체계에서 국가의 직접적인 서비스 전달보다는 국가의 재정지원을 통한 비영리민간단체에 의한 서비스 전달체계를 구축하려 했다. 정부의 기능 축소로 가족과 기업, 지역사회, 종교 등 민간 부문의 역할 확대가 일어난 데에는 역사적으로 종교적 자선단체나 지역공동체조직에 의해 출현하였다고 볼 수 있다.

우리 사회 노인층은 교육수준이나 경제력에 있어서 현재의 노인인구보다는 월등한 조건을 지니게 될 것이다. 아울러 노인들이 여가운동, 문화활동, 경제활동 및 사회활동 등으로 적극적인 삶을 영위하고자 하는 욕구도 매우 강해지고 다양해질 것이다. 이에 대한 장기적이고 다양한 사회적 개입요구에 부응하기 위해 현재 누적되어 온 국가자원 부족의 한계를 감안하여 한국 종교계의 사회적 역할 강화, 즉 민간 부문으로서 종교의 역할 강화와 사회복지계와의 연계를 통한 다양한 접근방법과 정부와 민간 간의 서비스 공급체계에 대한 논의가 요구되고 있다. 이 나라 전 인구의 반 이상을 차지하고 있는 종교계는 많은 자원과 잠재력을 가지고 있고 다양한 사회복지활동을 전개하고 있다. 특히, 기독교회는 선교 초기부터 사회복지활동의 대부분을 수행하여 왔다. 한국사회의 21세기는 고령화 사회(Aging Society)에서 고령 사회(Aged Society)로 진입하는 시기에 있다. 하지만 우리 사회는 노인인구의 급증에도 불구하고 이들에 대한 사회복지제도가 아직 적절한 수준으로 정비되지 않은 상태이다. 선진국처럼 노인을 위한 사회보장제도가 마련되지 못한 우리나라는 사회복지체계가 취약하고 가족 부양의 기능이 약화되는 상황에서 고령화 사회에서 고령 사회로의 이행은 노인의 삶의 질에 심각한 위기와 도전을 주게 된다.

이런 상황에서 노인 부양의 책임을 단순히 개인과 가족의 몫으로 돌리는 일은 현실적으로 많은 문제점을 초래하기 마련이다. 또한 국가가 노인문제를 사회적 책임으로 돌리고 정책적으로 노인복지문제를 해결하는 것도 한계점이 드러난다. 정부 위주의 공적 서비스 기능을 보다 효율적으로 수행하는 대안 모형이자, 세계화 프로젝트를 위한 중심 세력인 비정부조직도 사회에 대한 책임성이 강조되고 있다.

46

사회교육을 통한 교회의 사역

교회의 본질적 사명은 복음의 선포(Kerygma), 사랑의 친교(Koinonia), 이웃에 책임 있는 봉사(Diakonia)로 볼 수 있는데 한국교회는 교회 자체의 성장에만 관심을 가졌을 뿐 교회를 향한 사회의 요청에는 적극적인 대응을 하지 못하였다. 한국교회가 이제는 사회적 책임을 가지고 기존의 교회 사회사업의 활동을 재정립하고 보다 전문적인 방법으로 새롭게 시작해야 할 것이다.

교회의 사명은 예배와 사회 속에서의 섬김이 바람직하며 교회는 이웃의 교회가 되어야 하며 이웃을 위한 교회로서 혼자 사는 삶이 아닌 이웃과 더불어 사는 삶을 가르치는 교육을 시도하며 교회의 본질을 잃지 않고자 계속적인 개혁이 필요하며 섬김의 도를 이루어 나가야 한다. 교육은 인간으로 하여금 진실한 인간을 만들기 위해서는 불가피한 것이다. 인간이 다른 동물과 비교하여 긴 동안의 미성숙기를 가지고 있다는 사실은 그만큼 사람에게는 교육의 필요성과 가능성이 많다는 것을 시사하고 있는 것이 필요하다.

사회교육의 문제 중 교육환경의 문제가 매우 중요한 문제라고 볼 수 있다. 여기서 교육환경이란 교육의 목표를 달성하기 위해 필요한 물리적, 사회적, 사회심리적 학습 요소들과 학습자 및 교육자 요소들 간에 벌어지는 상호작용적인 영향관계의 총화라고 정의될 수 있다. 교육적 요소들 간의 총합적인 상호작용의 결과로 파악된 교육환경이란 개념에 의하며 일반 환경은 언제든지 교육환경으로 변화될 수 있음을 시사하고 있다.

교육환경 개선작업을 수행하는 과정에서 교육환경 개선 주체자들은 세 가지 주요 과제를 만나게 된다.

첫째, 교육환경에 대한 문제제기식 연구사업 활동의 전개이다. 이것은 교육환경 개선활동이 전문가가 참여하는 시민의식 함양운동이 되어야 함을 의미한다.

둘째, 시민들이 교육환경 개선을 저해하는 여러 사회·정치적 세력들과 교섭하는 과정에서 우연하게 야기될 수 있는 거시적·미시적·심리적·사회적 두려움이나 사회·정치적 공포를 어떻게 조절하며 극복해 나가느냐는 일이다.

셋째, 교육환경 개선운동을 추진해 나가는 사회·교육적 전략을 지금보다 훨씬 현실적으로 구체화시키는 일이다.

교육환경 개선운동은 인간이 교육학적 환경에서 생활함으로써 건전하고 행복한 인간이 되어 사회와 국가 발전에 이바지하도록 하게 되는 시민의 교육적 의식운동이다. 즉, 교육환경 개선운동은 사회의 교실화를 지향하는 사회교육 지향운동이다.

교육환경 개선은 비교육적 환경을 사회적 공해의 차원에서 척결해야 되는 시민의식의 각성과 민주문화 정착적으로 자구적인 시민의식 함양적인 성격을 요구하고 있다. 교육환경 개선은 교육에 관한 부분적 개선을 염두에 둔 것이 아니라 이 나라의 역사, 문화, 정치적 현실, 지역사회의 사회 현실과 교육에 관한 총체적 전망을 갖게 만드는 교육활동이며 사회교육에 관한 새로운 민주문화 함양운동이다. 즉, 교육에 관한 국민의 비역사적 의식수준을 비판적 의식수준으로 이끌어 올리는 교육운동으로서 교육환경 개선의 첫 번째 시민의식적 속성은 교육환경에 관한 대중적 의식을 비판적 의식수준으로 이끄는 시민운동이라는 총체적 이해가 필요하다.

현재 우리 국민이 갖고 있는 교육환경에 대한 시민적 의식수준은 반자각적 의식수준에 머무르고 있다. 우리가 필요로 하는 교육환경에 대한 시민의식은 비교육적 환경에 대한 비판의식의 함양이다. 교육환경 개선운동은 교육환경에 대한 대중적 의식을 비판적 의식수준으로 끌어올리는 시민적 자구책의 한 유형이며 민주문화 정착을 위한 본질적인 사회교육적 활동이다. 비판적 의식은 시민운동적 실천과 성찰의 총체적 결합에 의하여 나타나는 민주문화 정착으로 완성된다.

교육환경 개선운동이 지향해야 하는 인간 대 자연 간의 관계모형은 상호작용 모형이다. 상호작용 모형에서 나타나는 교육환경 개선의 명제는 '시민은 교육을 실천한다. 고로 교육환경은 존재한다.'로 표출된다. 상호작용 모형은 사회적 실체를 인간의 사고와 행동 간의 프락시스, 즉 실천이라고 이해한다. 즉, 시민 스스로가 교육권의 실질적 행사자임을 확인하는 교육적 프락시스이다.

47

자원 활용을 통한 교회 사회사업

미래 사회에는 사회취약계층은 물론 일반 국민의 복지에 대한 욕구까지 다양하게 증가하면서 국가가 관리하는 사회보장제도가 확보되고 사회복지 전달체계도 확립되어 사회복지활동이 매우 활발해질 것을 기대하고 있다. 그러나 급속한 사회변화 속에서 다양하게 나타나는 국민들의 삶의 질 향상에 대한 복지욕구는 공공복지에만 전적으로 의지할 수 없는 한계를 가진다. 다시 말하면 공공복지의 자원이 한정되어 있는 반면, 복지에 대한 수요는 언제나 공급을 초과하고 있기 때문에 부족한 사회복지자원을 확보하기 위해서도 민간복지자원의 필요성이 강조되고 있는 것이다.

그에 따라 기업, 재단, 교회, 개인 등 사회복지를 위한 다양한 외부자원을 찾아 나서고 있으며, 다양한 민간복지의 주체들이 사회복지 실천 분야에 합류하게 되고, 각각의 특성에 따라 서로 다른 역할을 담당하면서 효율적인 복지서비스를 제공하도록 하고 있다. 이러한 과정에서 한국교회는 복지국가의 실현을 위해서 국가가 충분히 제공하지 못하는 복지서비스를 제공하는 역할을 담당하면서 사회복지의 발전을 위한 주체로 다시 대두되게 되었다. 교회의 사회적 기능에는 여러 가지가 있겠지만 그중 사회참여를 통한 사회복지활동이 최근 들어 강조되고 있다.

교회 자원은 다양성과 선별성을 가지고 있고 사회적 요구에 대하여 민감히 대처할 수 있는 특성이 있다. 교회는 정부정책에는 포함되어 있지 않는 지역주민의 복지욕구에 따라 창의적으로 기획하고 대처할 수 있으므로 교회는 국가의 보호제도가 미치지 못하는 부분을 보완하는 역할을 담당할 수 있게 된다.

교회가 국가의 사회복지 지원의 한계성을 극복하고, 민간복지기관으로서 지역주민을 위한 복지서비스를 확대하기 위해서는 복지서비스 전달체계 또는 보완적 수단인 교회의 자원을 활용할 수밖에 없다. 따라서 교회는 지역사회 내의 문제를 서로 협력하여 자발적으로 해결하고자 하는 민간복지활동의 주체로 대두되게 될 것이다.

복지사회란 더불어 잘사는 사회를 의미하기 때문에 지역주민의 관심과 참여 없이는 지역사회복지의 목적을 달성할 수 없다. 따라서 교회가 지역사회 내에서 사회복지의 기능을 활성화하기 위해서는 교회가 근본적으로 가지고 있는 사회복지의 기능을 감화시킬 필요가 있다.

교회는 사회의 한 부분으로서 사회가 혼란할 때 하나님의 뜻에 합당하고 사회에 바람직한 형태로 변화시키는 역할을 수행할 수 있다. 하나님의 사랑을 나누고 성도 상호간에 섬김의 행위를 실천함으로써 불평등한 인간관계를 해소할 수 있는 역할을 담당할 수 있을 것이다.

성경적으로 바른 행동을 하도록 가르침으로써 사회규범도 자유의지에 따라 지키게 될 때, 교회는 사회의 질서를 유지하는 역할을 담당할 수 있을 것이다. 굶주리고 소외된 이웃을 보살피는 것이 하나님의 뜻에 합당한 삶으로 강조될 때, 교회는 사회소외계층에 대한 사회적 무관심을 회복시킬 수 있다.

교회의 자원제공이 가지는 한계가 있는데 신앙을 바탕으로 한 무조건적 또는 구호적 성격의 활동이 되는 경우가 많아 서비스 대상자에게 전문적인 서비스를 제공하지 못하는 경우가 발생한다. 전체 지역에 대한 이해를 고려하지 않은 상황에서 편협되고 단편적인 활동을 진행시키는 경우가 많이 있다. 그리고 타 교회 또는 기관과의 협력체계를 구축하기보다 개교회적인 차원에서 접근하는 것이 대부분이기 때문에 서비스 전달의 내용과 대상 등이 다양하지 못한 채 교회 안에 한정시키거나 동일한 서비스만 제공되는 경우가 많이 있다. 그리고 교회 인적자원의 대부분이 전문적이고 체계적인 교육을 거쳐 활동을 하는 경우가 드물다.

사회복지와 관련하여 교회 내 재정은 전체 교회 예산의 10%가 바람직하다고 본다. 지역사회 주민들이 지역사회 내의 유대감, 참여의식, 책임감을 고취시켜 그들이 스스로 복지의 중요성을 깨달아 협조하고 지속적이고 자발적으로 기부할 수 있도록 유도한다.

교회는 지역 내 사회기관으로서 사회의 복지욕구에 대한 응답과 교회의 본질적인 사회적 기능 및 역할 수행을 위해 핵심적인 역할을 감당하게 될 것이다. 따라서 교회는 지역주민의 욕구를 감안하여 사회 전체적인 기획을 할 수 있는 민간복지단체로 발전하는 노력을 해야 하며 교회는 장기적인 비전을 가지고, 이를 뒷받침할 자원을 동원하고, 활동을 위한 전문성을 유지해야 한다.

교회가 지역사회의 문제에 관심을 가지고 다른 지역사회 구성원과 연대하면서 지역사회문제 해결에 참여하겠다는 의지를 통해 지역사회 전체는 서로 상호 협력하는 관계 속에서 사회공동체 의식은 높아지며, 공동의 복지는 가능할 것이다.

48

21세기의 목회와 자원봉사

현대를 가리켜 상실의 시대라고 한다. 과거에 우리가 지켜온 많은 것들을 잃어 가고 있기 때문이다. 그러한 것들 중 하나는 우리가 오랫동안 서로 도우며 살아왔던 상부상조의 정신이다. 우리의 조상들은 이미 전통사회에서 어려움을 당한 이웃을 위하여 자발적으로 도움을 주던 두레, 상부상조, 계, 향약 등의 미풍양속을 가지고 있었다. 그러나 현대를 살고 있는 우리는 이웃의 어려움을 함께 걱정하기는커녕 이웃에 누가 살고 있는지도 모르고 있는 실정이다.

이처럼 현대 사회에서의 소외가 심화되어 갈수록 우리에게 더욱 필요한 것은 다 함께 사는 사회를 만들고자 하는 노력이며, 이제 우리가 자원봉사를 하려는 것도 이러한 다 함께 사는 사회를 만들기 위한 것이다. 사회의 모든 구성원이 서로를 존중하고 구성원으로서 사회적 책임을 다하는 사회를 만들기 위한 것이다. 자원봉사의 기본 정신은 기본적으로 인간이 가진 능력과 자원을 창조적으로 활용하여 사랑의 공동체를 만들어 나가자는 데 있다. 우리의 도움을 필요로 하는 곳에 도움의 손(helping hands)을 내밀어 도움을 필요로 하는 기쁨의 손(glad hands)을 잡는 것이다.

자원봉사는 누구나 할 수 있다. 하는 사람이 따로 있는 것은 아니다.

누구나 마음만 먹으면 할 수 있는 것이 자원봉사다. 누구나 바라는 것 없이 자발적으로 꾸준히 할 수만 있다면 해 볼 만한 소중한 일이 자원봉사다. 따뜻한 손길과 부지런한 발걸음을 기다리는 곳도 많고 기대하는 사람들도 무수하다. 시간을 내고 손발과 두뇌를 빌려 줄 수 있는 사람이면 누구나 자원봉사자가 될 수 있다. 이제는 더 많은 사람들이 자원봉사에 관심을 가져 자원봉사의 역사와 전통이 짧은 우리나라에서도 자원봉사운동이 범사회적인 운동으로 발전되어 더불어 사는 아름다운 사회가 되었으면 한다.

우리 사회에 자원봉사활동이 전개된 배경은 오래전부터 사회복지계에서 자원봉사자의 필요성을 인정하고 문제를 제기하였기 때문이다. 자원봉사의 시작은 사회복지 분야계에서 이웃을 도우려 하는 마음으로 출발하였다고 할 수 있다. 선진국일수록 책임 있는 지위에 있는 사람들이 자원봉사활동에 참여하는 것을 하나의 의무로 생각하고 있는데, 이웃과 더불어 살아가고자 하는 건강한 삶의 행동자세이다. 우리나라의 자원봉사활동도 일반 국민들만이 참여하는 운동이 아니라 책임 있는 지도자들의 참여가 절실히 필요하다. 20세기는 국가의 통제하에 국민의 안녕과 복지를 이루었지만 다양한 사회변혁과 정보망 구축, 세계화된 사회에서 살고 있는 지금의 현실과 21세기의 새로운 사회에서는 국가가 통제하지 못하는 여러 가지 변수가 생기게 된다. 오늘날 국제 사회는 이데올로기의 갈등으로 재현되던 동서냉전의 시대가 종식되고 함께 사는 세계에 대한 공감대가 확산됨에 따라 국가라는 행위자뿐 아니라 유엔 등의 국제기구들의 활동이 급격하게 증대되고 있다. 지역과 국가를 초월한 국제 NGO는 국가 간 기구에 비해 보다 효율적이고, 중립적 · 독립적인 사태대처능력을 가지고 있기 때문에 국제 사회에서 NGO의 역할과 위상은 더욱 중요하다.

현대 사회에서 자원봉사는 여러 가지 의미에서 과거에 비해 그 중요성이 증대되고 있다. 현대 사회가 산업화, 도시화됨에 따라 사회 구성원이 고립되고 인간관계가 단절되며 사회의 정상적 유지를 저해하는 여러 가지 사회문제가 증가할 뿐만 아니라 새로운 문제들이 급속하게 등장하고 있다. 이러한 사회문제들에 대한 적절한 대응을 정부와 같은 전통적인 사회조직만이 담당하기에는 한계가 있을 수밖에 없으므로 모든 시민들의 자발적이고 적극적인 참여와 많은 비정부조직체의 활동의 필요성이 대두되는 것이다.

자원봉사는 과거에는 인간애를 기본으로 한 무조건 주는 태도 또는 베푸는 행동으로서의 의의가 컸었지만 현대에 이르러서는 자선 또는 구호 중심의 전통적 자원봉사 대신 산업화로 인한 각종 사회문제를 해결하기 위한 적극적 의미의 자원봉사의 필요성이 강조되고 있다. 즉, 사회공동체의 약화 방지를 위해서나 시민교육, 복지교육의 증진과 사회참여의 확대, 사회변동에 따른 새로운 욕구의 발생에 대처하기 위해서도 기존의 사회적, 제도적 장치로서는 어려움이 많으므로 새로운 조직과 집단이 대체해야 하는 필요성이 대두되는데 자원봉사는 이러한 사회복지제도의 불완전성을 보완, 강화하는 중요한 역할을 수행한다고 볼 수 있다. 또한 여가의 선용과 자아실현에 기여함으로써 생의 보람과 희망을 갖게 되는 의미 있는 일이기도 하다. 더욱이 현대 사회의 각종 문제는 개인의 책임보다는 사회적·환경적 요소에 영향을 많이 받으며, 그 해결도 집단적·사회적인 노력을 통해서만 가능한 것이 대부분이다. 이러한 여건에서 자원봉사는 기존의 조직을 새롭게 하고 효과적으로 문제를 해결하거나 예방할 수 있는 토대를 형성할 수 있다.

자원봉사활동은 나비효과에 비유되기도 한다. '나비효과'란 기상학의 카오스 이론에서 유래된 말로 시작은 작지만 그 결과는 크게 나타날 수 있다는 말이다. 즉 한 사람 한 사람이 참여한 헌신적인 자원봉사활동의 작은 힘들이 모여 큰 효과를 얻을 수 있다는 것이다. 우리 사회 속에 신념을 가진 자원봉사자들의 힘이 모여 이 사회를 변화시킬 수 있는 원동력이 되기를 바란다. 자원봉사는 사랑의 실천이다. 사랑의 실천을 통하여 아름다운 복지사회를 만들어 가는 우리 모두가 되기를 바란다. 21세기의 목화와 선교의 자원은 사람이다. 훈련된 자원봉사자를

통하여 나눔과 섬김의 사역으로서 자원봉사를 통하여 21세기 지역선교
의 열매를 기대해 본다.

49

NGO와 지역사회조직

지역사회복지란 '지역'과 '사회복지'와의 합성어로 지역 차원에서의 사회복지라는 의미가 있다. 다시 말하면 지역사회복지는 지역주민의 복지를 도모하고 지역주민의 생활 향상을 목적으로 한다. 사회복지에 대한 지역적 접근의 총체로서 존재 의의를 갖는 지역사회복지의 개념 규정은 두 가지의 공통된 이해를 갖고 있다.

첫째, 지역사회 내의 복지행정기관, 단체, 시설의 협동 조정과 주민의 자발적인 상호부조체제로부터 성립하는 지역사회보호(Community Care)와 그것을 가능하게 하는 지역조직활동, 그리고 예방적 사회복지를 개념 규정의 요소로 입증할 수 있다.

둘째, 지역사회에 있어 주민의 생활상의 제 문제를 자본주의사회가 분출시킨 사회문제로 인식하고, 지역복지시책의 수립은 공적 책임이라고 이해하여 지역사회 보호체계의 확립은 행정의 책임이며 그 책임에 기초한 활동의 확충, 강화를 추구하는 운동은 주민의 조직으로 전개하는 것이 필요하다는 입장이다.

A. Dunham은 "사회사업과 사회복지는 구별되어야 한다."고 말하면서 "사회복지는 인간적 노력의 광범위한 분야(field)이고, 사회사업은 그러한 분야에서 하나의 전문직(Profession)"이라고 하였다. 또한 "사회

복지는 가족·아동생활·건강·사회적응·여가·생활수준 및 사회적 관계성과 같은 영역에서 인간의 욕구를 해소하도록 도와줌으로써 사회적 행복(Well-being)의 추진을 위한 조건적 노력이다.”라고 하였다. 그리고 “사회복지사업은 개인·집단·지역사회에 관심을 두고 이것의 보호·치료 및 예방을 포함한다.”라고 말하였다.

종교사회학자 잉거(M. Yinger)는 그의 저서『종교사회학』머리말에서 “사회를 연구하는 학도는 반드시 종교를 연구하는 학도여야 하고, 종교를 연구하는 학도는 반드시 사회를 연구하는 학도이어야 한다.”라고 했다. 이는 종교가 그만큼 현대 사회와 매우 관계를 가지고 있다는 것을 말해 주는 것이다.

이러한 논리는 교회와 지역사회를 연구하는 학도들에게도 똑같이 적용된다. 왜냐하면 교회는 그 지역사회의 주민이 집합된 하나의 집단이기 때문이며, 교회가 지역사회의 한 일환으로서 때로는 그 지역의 중심적 위치가 되기도 하기 때문이다.

지역사회문제 역시 지역사회에 따라 다양한 형태로 나타날 수 있는데 일반적으로 사회문제는 탈선행위와 사회 불평등 및 사회 해체의 2가지 형태가 있다. 탈선행위는 범죄, 비행, 자살, 알코올 및 마약중독과 같은 반사회적 행위를 말하고, 사회 불평등은 빈곤, 실업, 문화적 박탈과 같이 주로 사회구조적 모순으로 생성된 것이며, 사회 해체는 가정 결손, 빈민촌, 홍등가, 환락가와 같은 것을 말한다. 이러한 사회문제는 모든 지역사회에서 존재할 수 있고 특히 지역사회에서 문제가 될 수 있는 것은 범죄와 빈곤, 실업 및 빈민촌, 홍등가, 환락가와 같은 지역사회 해체라고 할 수 있다. 이러한 문제는 방치할 경우 더욱 큰 사회문제가 발생되기 때문에 지역사회복지사업을 통한 접근이 필요하다.

지역사회조직은 지역사회의 욕구나 목적을 발견하고, 이 욕구나 목적의 우선순위를 정하여 목표 달성을 위한 확신과 의지를 발달시키며, 이의 성취를 위하여 내적·외적 자원을 발견하여 작용을 가하고, 지역사회에 있어서 협동적·공동적인 태도와 실천을 확대·증진시키는 과정을 의미한다. 즉 중간 집단 사업과정을 말한다.

지역사회조직의 주요 목적은 가장 중요한 사회적 욕구와 그 욕구의 우선순위를 결정하고 주민들의 욕구를 해결하기 위하여 세심한 계획을 수립하고, 이러한 목표를 달성하기 위하여 지역사회의 자원을 효과적으로 조정·동원하고, 사회복지서비스의 수혜자와 지역사회보직의 목적과 발달을 추구하고 주민의 적극적인 참여를 권장하는 것이며, 건전한 계획과 서비스를 발전, 수정, 종결시켜 사회사업의 기준을 향상시키고 민간기관을 효과적으로 증가시키며, 조직, 집단 그리고 사회복지 프로그램과 서비스에 관련된 개인 간의 상호관계성을 향상·촉진시키는 것으로 복지문제와 욕구에 대한 보다 나은 이해와 사회사업의 목적, 프로그램 및 방법을 개발시키는 것이다.

이의 추진을 위해서는 지역사회조직에 여러 계층의 개인과 집단의 참여가 필요하다. 즉 특별히 훈련된 지역사회조직가와 개별사회사업가, 전문가, 공무원, 소비자 및 일반 시민 등이다. 사회복지란 인간의 행복(복지)을 추구하는 모든 사회적 노력을 칭한다. 이 개념은 근대 산업사회에서 여러 가지로 부딪히는 생명에 대한 사회적 위험에 대하여 사회 전체가 공동으로 합심하여 대처하자는 이념과 철학을 지닌다.

한편 사회복지에 대한 기독교의 관점은 하나님의 형상대로 지음 받은 인간은 누구나 동등하고 소중한 하나님의 자녀이며 어떠한 처지나 조건 속에서도 무시되거나 소외되어서는 안 되는 존중받아야 할 존재라고 보는 데 있다. 또한 인간 존엄성에 기초한 참다운 인간의 삶을 저해하는 모든 요소들을 제거하고 예방하며 모든 비인간화의 사회적 모순과 환경의 개선까지도 관심을 기울여 복된 사회, 즉 하나님의 나라를 이 땅에도 건설하자는 데 그 목적이 있다고 할 수 있다.

그런 의미에서 사회복지란 기독교의 복음에서 "네 이웃을 네 몸과 같이 사랑하라."는 예수 그리스도의 지상명령을 반영한 사상이라 할 수 있다. 또한 사회복지, 사회보장, 사회사업 등의 근본 사상이나 개념, 프로그램과 활동 등도 주로 서구 사회의 기독교 논리에 그 뿌리를 두고 있다. 어떤 의미에서 볼 때 "네 이웃을 네 몸과 같이 사랑하라."는 말씀은 하나님의 계명 중 가장 큰 계명을 세속화 사회에서 세속방법으로 나타낸 것이라 할 수 있다.

미국에서 NGO의 정의와 범위는 문헌이나 사람에 따라 다르다. 넓은 의미에서의 NGO는 비배당의 원칙, 즉 활동에서 발생한 이익을 설립자나 출연자 또는 이사나 회원에게 분배하지 않고 전부를 목적한 활동에 재투자할 것을 서약한 민간법인으로 정의된다. 그리고 크게 공익(公益)법인, 종교법인, 공익(共益)법인 등으로 분류된다. 공익법인이란 공공을 위해 자선활동을 하는 단체로 학교나 복지단체, 학술·문화예술단체, 건강·의료단체, 환경보호단체, 동물보호단체, 인권옹호단체, 소비자운동을 비롯한 시민운동 등이 해당된다.

NGO의 종류는 첫째, 대학 미술관 오케스트라 등의 문화단체, 복지시설, 병원, 환경보호단체, YMCA, 전국 보이 스카우트연맹 등 다양한 서비스 공급조직이다. 둘째, 이들 단체에 자금을 제공하는 자금조성단체로 포드재단이나 록펠러재단 등 개인이나 기업의 이익을 기금 운용조성 활동에 제공하는 단체와 적십자, United Way와 같이 개인, 기업으로부터 기부금을 모아 각종 서비스 공급조직에 배분하는 단체들이 있다. 셋째, 교회와 같은 종교조직이다. 국가에 따라 공익단체와 구별하여 생각하기도 하지만 미국 연방세법에는 서비스 공급조직과 마찬가지로 세제상의 특전을 받게 되어 있다.

지역사회복지의 관점에서도 교회는 지역교회(community church)로서 교회의 사명과 함께 NGO의 나눔과 섬김의 기능을 교회의 Diakonia(나눔과 섬김)의 기능으로 활동을 할 수 있어야 한다고 본다.

50

고령화 사회와 출산장려정책

　한국사회는 급속히 변화해 왔다. 1960년 이후 활발히 전개되어 온 산업화 과정은 정치, 경제, 문화, 종교, 교육 등 다방면으로 변화를 초래하였으며, 이와 같은 제도적 차원에서의 다각적 변화는 특히 가족관계와 개인의 삶에 있어서도 지대한 영향을 미쳤다. 하지만 이 과정에서 인구억제정책과 사회환경의 변화로 고령화 현상과 저출산 현상을 가져오게 되었다.

　한국사회의 고령화 현상은 세계 여러 나라들과 달리 매우 빠르게 진행되고 있다. 프랑스가 156년, 영국이 92년, 미국이 86년, 이탈리아와 독일이 각각 80년, 일본이 36년 소요되는 반면, 우리나라는 26년에 불과하다. 이는 의료기술 등의 발전으로 인해 평균수명이 연장되는 탓도 있지만, 동시에 출산율의 하락이 중요한 요인이다. 출산을 기피하기 때문에 인구비율 중 고령이 늘어나는 꼴이기 때문이다.

　우리나라의 출산율은 최근에 급속도로 하락하여 왔다. 현재 국내 합계출산율(한 여성이 가임기간 동안 애 낳는 평균)은 세계 최저수준이다. 지난 1993년에 1.67명이었던 것이 2003년에는 1.19명으로 떨어졌다. 한편 65세 이상 노인인구는 2000년 7.2%에서 2020년이면 15.1%를 차지할 것으로 예상된다. 저출산과 고령화 현상은 동전의 양면과 같은 인구사회문제이다. 높아진 이혼율, 혼인연령의 지연, 낙태로 인한 생명경시와 만연된 개인주의 그리고 출산기피는 출산율 저하와 고령화 사회의 원인이 되고 있다. 저출산 현상은 결과적으로 노동력 부족과 인구 고령화로 연결될 것이며 사회구조의 불균형을 가져올 것이다.

우리보다 산업이 발전하고 경제적 부를 누리고 있는 서구 선진국에서조차도 저출산의 심각성을 일찍부터 인식하고 대책을 강구하여 왔음은 이제 우리가 해야 할 것이 무엇인지를 시사한다. 지금부터라도 한편으로는 저출산의 원인을 제거함으로써 적정 출산수준에서 안정을 도모하고, 다른 한편으로는 저출산으로 파생되는 부정적 영향을 최소화시키는 방안을 강구하는 지혜가 필요하다.

최근에 정부에서는 저출산 대책을 개발하고 이를 추진하기 위한 준비를 다각적으로 모색하고 있다. 그렇지만 경기침체의 지속화와 자녀양육을 위한 지원 및 사회제도 개선에 많은 예산이 투입되어야 함에도 재정적 한계로 인하여 적극적인 정책추진을 하기에 많은 난제가 있음이 우리의 현실이다. 이와는 달리 국민들의 욕구는 선진국 수준에 도달되어 있어 소극적인 정책은 비판을 받을 수밖에 없는 어려움도 있다.

그럼에도 불구하고 복지국가의 이념적 논리에 입각하여 저출산 문제는 사회가 책임져야 할 당위성을 가지며, 이에 대한 대책은 국가 차원에서 능동적으로 추진되어야 할 타당성을 갖는다. 그런데 정책추진 과정에서 유념해야 할 점은 출산행위가 사회적 가치를 가진다 하더라도 이는 분명히 사적 영역이라는 것이다. 따라서 어떠한 경우에도 출산정책이 출산 당사자인 여성과 그들 부부에게 부담으로 작용해서는 안 될 것이며, 결혼, 출산, 자녀양육이 잘 이루어질 수 있도록 가족환경, 사회적 환경을 조성함으로써 자연적으로 유도될 수 있는 정책이 강구되어야 한다. 다시 말해 출산수준을 적정하게 유지하기 위한 제반 사회정책이 자녀를 갖고 싶지 않은 사람들에게 심리적인 압박이 되거나 큰 부담으로 작용되어서는 안 된다는 사실을 유념해야 한다.

아울러 저출산의 현상은 급속한 고령 사회로의 진입과 생산활동 인구의 감소 그리고 사회보장비 지출 증대 등 사회 전반에 걸쳐 경쟁력이 떨어지게 하는 원인이 되고 있다. 이에 '출산장려' 중심의 인구정책을 적극 추진하고 다방면에 걸쳐 노력을 하고 있지만, 현재의 출산 행태를 바람직한 방향으로 바꾸자면 과거의 출산억제정책보다 더욱 구체적이고 체계적인 정책이 지속적으로 이루어져야 할 것이다.

우선 가족복지에 관심을 갖고 자녀를 안전하게 출산하고 양육하고 좋은 교육을 시킬 수 있는 제도적 장치가 마련되어야 한다. 공동체 의식을 높일 수 있는 교육을 실시해야 할 것이다. 또한 이러한 노력은 지속적으로 진행되어야 할 것이다. 또한 인구정책과 출산의 문제가 개개인의 문제임과 동시에 국가정책적인 문제임을 감안하여 보다 현실적인 대안과 정책이 필요할 때이며 국가정책과 민간 파트너십을 통해 다각적인 대안이 제시되고 지속적인 정책 실현이 중요하다고 할 수 있겠다.

또한 이러한 정책 실현 과정에서의 민간의 역할이 중요하다. 특히 종교계가 차지하고 있는 비중은 높다. 따라서 얼마 전 발족한 '저출산 고령화대책 시민연대'를 지속적으로 지원해 주고 적극적인 참여와 대화채널을 만들어 종교계가 이러한 역할을 수행해 나가야 할 것이다. 그중에서도 기독교가 선도적 입장에서 대안적이고 현실적인 정책과 참여를 통해 국가의 위기상황에 대처하여 고령화 시대에 저출산의 문제를 해결하고자 하는 노력이 필요할 것이다. 이제 이러한 정책과 참여가 지속적이고 체계적으로 시행될 때, '출산장려정책'이 그 효과를 발휘하게 될 것이라 생각한다. 다른 저출산 국가들도 많은 시행착오를 겪으면서 자신의 나라에 알맞은 정책을 펼치고 효과를 보고 있음을 알 수 있었다. 단기간의 효과를 위해 일시적인 '출산장려정책'이 아닌 미래를 예측하고 대비할 수 있는 정책이 시급하다고 여겨진다.

51

위기청소년 사회안전망 구축과
지역사회 네트워크

한국사회에서 가출, 학업중단, 성매매, 성폭행, 가정폭력, 학교폭력 등에 노출되어 있는 위험 또는 위기에 처해 있는 학생은 그 통계수치나 심리적, 신체적 손상 면에서의 개입시점과 결과를 예측하기 어려울 만큼 심각한 상태에 있는 것으로 나타났다. 청소년위원회에서는 우리나라 위기청소년의 규모를 파악하고, 위기청소년을 위한 정부부처의 정책과 지원시설의 현황을 파악하고, 또한 OECD 국가의 위기청소년 사회적응을 위한 민관협력체제와 지역사회 기반사업을 분석하여 청소년위원회 4대 핵심 추진과제 중 최우선 정책과제인 '위기청소년 사회안전망 구축'을 위한 구체적인 정책방안을 제시한 바 있다.

이러한 정책적 제안 사업의 일환으로 국가청소년위원회에서는 청소년종합상담센터를 청소년상담지원센터로 확대 개편하여 일반 상담과 더불어 위기청소년에 대한 24시간 상담·구조·치료·자활 등 One-stop 서비스를 제공하도록 인프라를 정비하고 있다.

'청소년유해환경 종합실태조사' 결과에 따르면 지난해 청소년 10명 중 1명꼴이(9.9%) 가출을 경험했으며 학생 청소년 가출 충동률은 56.7%에 달했다. 이런 결과는 청소년 가출문제가 일부 청소년만의 문제가 아닌 전 사회적으로 관여해야 하는 사회안전망의 한 축으로 접근해야 한다는 것을 보여주고 있는 것이다. 지난해 경찰청에 접수된 청소년 가출신고 전화건수는 1만 3295명이며, 학자들은 가출 청소년을 10만여 명으로 추산하고 있다. 그러나 연간 쉼터 이용은 3905명에 불과해 전문가들은 가출 청소년에 대한 사회안전망이 시급하다고 지적해 왔다. 특히 청소년위원회는 신설된 중장기 쉼터(15개소)와 드롭인 센터·단기 쉼터와의 연계성을 강화해 일시(드롭인) → 단기 → 중장기로 연결키로 했다. 이같이 청소년 쉼터는 6개월 내외의 단기보호 위주로 위기청소년의 요구와 경로 등 특성에 따른 서비스 지원이 미약했던 부분을 보완하여 청소년의 가출 경로와 상황에 따른 맞춤형 서비스 쉼터로 운영될 예정이라고 한다.

청소년위원회에서 현재 추진하고 있는 사회안전망 사업이 인천시에서 실효를 거둘 수 있길 희망하며 그러기 위해서는 먼저 인천시의 청소년정책과 관련기관, 서비스 전달체계 등의 현 상황을 파악할 필요가 있으며 청소년종합상담센터를 중심으로 관련기관과 지역사회기관과 함께 문제의식을 가지고 유기적으로 역할을 수행해야 할 것으로 보인다. 이러한 측면에서 인천시 위기청소년을 위한 사회안전망 구축을 위한 몇 가지 제언을 하고자 한다.

첫째, 위기청소년에게 청소년상담지원센터를 통한 One-Stop 서비스를 제공하기 위해서는 청소년상담지원센터와 지역사회 유관기관과의 연계성에 대한 중요성을 다시 한 번 언급하지 않을 수 없다. 인천시 청소년종합상담지원센터가 hub기관으로서의 역할 수행을 각 기관들과의 연계를 통해 어떻게 풀어 나갈 것인가가 매우 중요하다고 하겠다.

둘째, 기존의 청소년사업 관련기관 간의 유기적인 협조체계를 구축하기 위해서는 청소년종합상담지원센터의 역할과 사업에 대한 적극적인 홍보활동과 종사자들 간의 이해와 협조체계 구축이 최우선이라 하겠다. 청소년사업 각 영역에 전문성과 차별성에 대한 인정을 통해 상호역할에 대한 경계선 및 협조체계의 명확화만이 서비스연계지원체계 구축에 참여를 유도할 수 있을 것이다. 무엇보다도 일선 기관 간의 연계망 구축이야말로 긴급 위기청소년을 조기에 발견하고 개입할 수 있도록 도움을 줄 수 있을 것이다.

셋째, 종전에 인천시에서 산발적으로 각 관련기관에서 실시되어 왔던 위기청소년 사업과 관련한 정확한 실적과 평가에 대한 데이터조사를 토대로 사회안전망 구축을 위한 구체적 대안(프로그램 제시 등)들이 제시되리라 본다.

넷째, 위기청소년들에게 안전망을 제공하는 서비스 제공자인 전문인력을 어떻게 구성할 것인지 좀더 확실히 해 둘 필요가 있다고 본다. 상담사례관리자(PCM: Primary Case Manager)의 자격기준을 무엇에다 둘 것인지, 자격증의 종류와 연수과정, 임상경험 등의 기준을 정확하게 구분지어야 할 필요가 있으며 인천시 내에서 담당인력의 전문성을 어떤 식으로 보강하고 양성할 것인지에 대해서도 고려해 보아야 할 것이다.

끝으로 위기청소년 사회안전망 구축을 통해 위기청소년의 입장에서 그들이 안전하고 편하게 받아들일 수 있는 안전지대를 형성하는 데 도움이 되기를 바라며 이를 통해 더 이상 소외되거나 길거리를 방황하는 청소년들이 없기를 희망한다.

52

함께하는 복지만이 살길이다.

사회복지협의회는 사회복지에 관한 조사, 연구와 각종 복지사업을 조성하고 사회복지사업과 활동을 조직적으로 협의, 조정하며 사회복지에 대한 국민의 참여를 촉진시킴으로써 우리나라의 사회복지 증진과 발전에 기여하고 있으며, 민간사회복지 정보사업의 일환으로 국내에서는 처음으로 1978년에 '사회봉사안내소'를 개설했다. 사회봉사안내소는 1991년에 지역복지봉사센터로, 1994년에 자원봉사정보안내센터로, 2001년에 사회복지정보센터로 확대 개편되었으며, 2003년에는 사회복지자원관리시스템인 '복지넷'을 비롯하여 자원봉사인증관리 DB시스템, 전국 푸드뱅크 운영관리 DB시스템 등을 구축하여 명실상부한 민간사회복지 정보화 사업을 주도하고 있다. 사회복지협의회는 개방, 혁신, 도약을 3과제로 설정하여 제2의 발전기를 맞이하여 한 단계 높이 올라섬은 물론, 사회복지협의회의 변화와 발전이 우리나라 민간사회복지 통합으로 이어질 수 있도록 다각적인 정책과 실천방안들을 준비하고 있다.

한국사회복지협의회는 사회복지사업법 제33조 동법 시행령 제12조에 의거, 설립된 비영리 공인법인으로서, 민간사회복지 증진을 위한 협의조정, 정책개발, 조사연구, 교육훈련, 주요 사업에는 조사연구, 국제협력, 지방협의회육성, 시설평가, 푸드뱅크, 교육훈련, 홍보출판, 어린이에게 새 생명을, 복지넷, 자원봉사인증, 시설회계가 있다.

오늘날 삶의 질 향상과 더불어 주민들의 사회복지욕구는 다양화, 중복화, 전문화되는 경향을 보이고 있다. 이에 대응하기 위해 지역사회 내에는 다양한 기관들이 설치·운영되고 있고 그 기관들의 수도 증가하는 추세이다. 사회복지 영역의 큰 변화 가운데 하나가 공급자 중심에서 클라이언트(client) 중심의 서비스를 제공해야 한다는 것이다. 주민의 복지욕구는 중복화되고 그 욕구를 한번에 패키지(package)로 해결하기를 원한다. 그러나 이러한 욕구에 대처할 서비스 제공기관은 단일 서비스를 제공하는 것이 주된 목적이므로 단위기관만으로 주민의 욕구에 대응하는 것은 한계가 있다.

사회복지협의회란 지역사회의 복지에 관심 있는 민간단체나 개인의 연합체라고 할 수 있다. 또한, 지역사회의 복지욕구를 효과적으로 달성하기 위해 상호협력 및 조정하는 단체이다. 지역사회복지협의회는 지역사회복지의 대표적인 협의조정기관으로서, 주민에게 복지서비스 제공, 다양한 사회복지기관들의 욕구 달성, 기능 강화 등을 위해 정보를 제공하며 서비스를 조정하는 자주적인 민간조직이라 할 수 있다.

대부분의 위원회는 일반적으로 사회사업기관과 시민조직으로 불리고 있는데 협의회는 다음과 같은 기본적 요소로 구성된다. 첫째, 지역사회복지협의회는 시민과 사회복지기관을 대표하고, 정부기관과 민간기관을 포괄하고 있다. 둘째, 사회복지기관이 관련되어 있는 한 지역사회복지협의회는 기관이 공적으로 지명한 대표에 의해서 대변되는 연합체이다. 셋째, 지역사회복지협의회는 대개 대도시, 소도시 및 군 지방지역사회에서 활동하고 있다. 넷째, 지역사회복지협의회의 사업은 보건 및 복지계획 등 지역사회조직사업의 모든 활동이다.

사회복지협의회는 지역복지 추진의 중심 조직으로서 다음과 같은 기능을 수행한다.

① 주민욕구·복지과제의 명확화 및 주민활동의 추진기능, ② 공사사회복지사업 등의 조직화·연락조정 기능, ③ 복지활동·사업의 기획 및

실시기능, ④ 조사연구 · 개발기능, ⑤ 계획책정, 제언 · 개선운동 기능, ⑥ 홍보 · 계발기능, ⑦ 복지활동 · 사업의 지원기능 등이다.

사회복지협의회의 조직은 주민 주체의 원칙에 기초한 시 · 군 · 구의 지역을 기본 단위로 하면서 시 · 도 및 전국의 각 단계에서 계통적으로 조직이 되어야 한다. 즉 시 · 군 · 구를 사회복지협의회의 기본 단위로 본다. 시 · 군 · 구 사회복지협의회는 지역 실정에 따라, ① 주민의 자치 기구, ② 기능별 계층별 각종 주민조직, ③ 아동복지지도원, 부녀복지상 담원, ④ 의사, 치과의사, 약사 등 보건위생관계자 및 단체, ⑤ 사회복 지 보건위생 갱생보호관계의 시설 및 단체, ⑥ 사회복지 보건위생 사회 교육 등의 관계행정기관의 대표자 또는 지역담당자, ⑦ 자원봉사자 및 단체, ⑧ 주민생활 관련 시민단체(소비자보호, 생활협동조합, 환경단체 등) 등으로 구성하면 된다고 본다.

한국교회의 사회복지활동의 역사는 그 자체로서만 이루어진 것이 아 니다. 크게는 한국역사 일반과 맞물리고 있으며, 작게는 한국사회복지 의 역사 및 한국교회의 역사와 맞물려 있다. 따라서 한국교회의 사회 복지의 역사가 가진 의미를 이해하기 위해서는 특정 교단이나 교회 혹 은 사회사업단체의 세세한 역사를 검토하는 것을 넘어서서 보다 거시 적인 맥락에서 검토하는 작업이 필요하다고 본다. 즉 한국교회 사회복 지 역사의 의미를 이해하기 위해서 한국사, 한국교회사, 한국사회복지 발달사의 맥락 속에서 검토할 필요하다고 본다.

기독교 초기 사회복지는 자선사업과 사회개혁운동의 두 흐름으로 나 눌 수 있다. 자선사업은 의료사업, 교육사업, 고아원과 양로원 운영사 업 등 이었으며, 사회개혁운동에는 독립협회의 활동, 여권신장, 계몽운 동, 항일운동 등이다. 이 두 흐름은 차후에 기독교 사회복지의 전통과 사회선교의 전통의 큰 흐름으로 나타나게 되었고, 그 신학적 배경이나 교회의 여건, 그리고 사회복지의 프로그램 등에 의해 그 흐름이 경향 적으로 나타나고 있음을 알 수 있다.

기독교가 사회복지 사업이 한국사회에 미친 영향을 종합해 보면 첫째, 원시 종교 공동체의 생활규범으로서의 기독교 교리는 사회적인 약자에 대한 보호의 의무를 사회 구성원 전체에 돌리는 데 기여했다. 둘째, 도움이 필요한 자에 대한 원조와 서비스의 제공을 효과적으로 수행하기 위한 다양한 절차를 발전시켰으며 이것들은 근대화 사회사업의 태동에 직접 관련되어 있다. 셋째, 국가의 공공사회복지에 두고 못 하는 서비스 제공기능을 교회가 수행하였고 민간복지를 발전시키는 데 기여했다. 넷째, 선교 초기 외국인 선교사에 의하여 서구 사회사업의 개념과 기술이 전래되었으며 교회 사회복지는 한국사회의 좋은 전통이 되어 왔다.

인천에는 인천사회복지협의회와 여러 협의회가 있는데 특히 기독교 사회복지협의회는 각 협의회의 고유의 역할과 목적을 중심으로 사업을 수행해 나아가는 것이 바람직하다고 본다. 그러기 위해서는 모든 협의회들끼리의 협의체를 통하여 지역 중심의 효율적인 지역복지서비스 체제를 구축하는 것이 바람직하다고 본다.

53

Diakonia로서의 나눔과 섬김

교회와 지역사회와의 관계는 지역사회 공동체에서 매우 중요하다고 할 수 있다. 이는 교회가 지역사회에 속해 있으면서 지역사회에 대한 책임을 가지고 있다는 것이다. 또한 하나님은 교회만이 아니라 이 세상도 여전히 사랑하고 있기 때문이다. 또한 "너희는 세상의 소금이라", "너희는 세상의 빛이라"고 주님께서 명령하심과 동시에 우리는 이를 아름답게 보전하는 책임이 그리스도인에게 있음으로 알 수 있다. 그렇기에 세상은 교회가 대치해야 할 적대적인 관계가 아니다. 교회는 이 세계에 하나님의 나라가 이룩되도록 하는 전위대 역할을 해야 하는 것이다. 교회는 끊임없이 상호영향, 상호교환적인 작용을 통해서 존재한다는 하나의 생명체인 것이다. 이와 같은 관점에서 볼 때 교회는 지역사회의 개인, 가족, 집단, 조직체의 건강한 삶을 확보하고 유지하게 하며 향상시키게 하기 위해 다양한 기능을 수행해야 한다.

교회가 지역사회교회로서 가야 할 방향은 다음과 같다고 본다. 첫째, 교회는 지역사회와 연결을 강화해야 한다. 교인들이 지역사회 각종 공사 기반의 이사회, 자문기구, 위원회와 관련을 맺어 지역사회의 욕구와 문제를 수렴하고 교회의 지원방안을 강구한다. 둘째, 교회는 지역사회를 대변한다. 지역주민의 각종 행사에 교회 대표를 파견하며 그 문제에 교회가 관심을 표명하되 특히 가난하고 소외된 자들의 자활을 돕고 필요한 경우 그들의 의견을 대변할 수 있는 지역사회 센터로서의 역할을 수행한다. 셋째, 교회는 지역사회를 향해 문을 열어 놓는다. 지역사회의 다양한 집단들이 교회 자원 특히 교회 건물의 일부를 사용할 수 있도록 교회 문을 개방한다. 공간 여유가 있으며 사회복지 및 공익기반에 교회 일부를 무료로 대여할 수도 있고 필요시에 학문, 문화, 예술 행사에 교회를 빌려 주고 물적 및 인적자원을 후원해야 한다. 교회가 지상에서 궁극적으로 지향하는 바는 물질적으로 적절하고 도덕적으로 건전하고 정신적으로 완전한 인간을 만드는 일인데 그러한 인간은 바로 지역사회와의 연결성 속에서 발견될 수 있기 때문이다.

다시 말해 교회는 지역사회와 지역주민들의 욕구 및 문제가 있는 곳에 해결책을 제시해야 한다. 또 목회 영역을 분야별로 전문화하여 교회가 체계적이고 조직적으로 활용되어야 한다. 그리하여 실천적 삶을 통해 그리스도의 사랑을 증거토록 해야 하며, 지역사회의 상담센터가 되어 지역사회복지관이 되어야 한다. 교회 내뿐 아니라 교회 밖의 모든 사람들의 필요를 채워 주며 공동체의 관계를 정상화시키는 것이 교회의 사명이 되어야 한다. 오늘날 NGO의 90% 이상이 제2차 세계대전 이후에 출현하였고, 아프리카와 아시아 지역의 NGO는 대부분 1980년대 이후에 설립되었다. 이렇게 국제적으로 NGO들은 오늘날 세계문화를 형성하는 데 지배적인 역할을 하고 있다.

한국은 기독교가 들어온 지 약 200여 년에 불과하지만 기독교 시민운동은 수많은 우여곡절을 겪으면서 발전하여 왔다. 기독교 시민운동은 의료봉사활동과 함께 문화계몽운동에 초점을 두고 시작한 이래, 19세기 말에 이르러 YMCA운동이나 독립협회 등에서 작은 결실을 맺게 되었다. 기독교 시민운동들이 추진되는 과정에 나타난 특징으로는 첫째, 기독교가 일반 시민들로부터 신뢰를 굳건히 하는 데 일조를 하였으며 둘째, 교회의 특수한 상황하에서 이슈로 대두되는 교회세습문제 등 첨예한 문제를 교회 스스로 해결하고자 하는 교회적 합의를 도출하려고 노력하고 있으며, 셋째, 출소자 및 비행청소년들의 재사회화 문제, 탈북자의 사회적응 지원사업 및 고령화 사회에 따른 노인복지문제 등 다양한 기독교 시민활동을 통하여 많은 시민들로부터 동조를 얻고 있다는 점이다. 더 나아가 세계기독교 시민운동을 살펴보면 세계선교와 같은 맥락을 유지하면서 각 국가의 국내문제에 대한 기독교의 대처활동, 특수한 지역의 기독교 시민운동 및 사회사업 등 이루 말할 수 없이 많다.

교회란 그리스도인의 모임이며 그리스도인들은 교회를 통해 하나님의 사역에 참여하게 된다. 봉사나 섬김으로 해석되는 Diakonia의 진정한 의미는 치유와 화목의 행위라는 뜻이다. 즉 상처를 싸매고 갈라진 틈을 메우며, 공동체의 건강을 회복시키는 행위로서 선한 사마리아인의 행위는 Diakonia의 가장 좋은 예이다.

교회의 사회적 책임은 크게 사회봉사와 사회행동으로 대별된다. 사회봉사는 구제와 노력봉사를 의미하며, 사회행동이란 인간을 비인간화시키는 사회제도의 변화를 추구하는 활동을 의미한다. 만약 개인의 문제가 불합리한 사회환경에서 일어난다면 이의 해결을 위해서는 그 환경에 직접 개입하여 사회의 구조적 변화를 가져올 수 있는 행동이 필요하다. 그리스도인은 자신의 개인적 생활만 경건하게 살면 되는 것이 아니라 하나님의 기준에 맞는 정의와 공평이 실현되는 사회가 될 수 있도록 비판적인 삶을 살아야 하며, 교회는 개인적인 사회활동을 보다 많이 담당해야 하는 것이다. 급변하는 시대와 사회 속에서 선교 21세기를 향하고 있는 한국기독교의 시대적 사명과 역할을 지역사회에서 연대하여 진행하고 있는 NGO단체들과 함께 교회의 기능을 Diakonia라는 입장에서 나눔과 섬김을 통해 교회의 사회적 책임을 완수해 나아갈 때 한국교회의 자원이 사회복지를 위해 참여의 역할을 할 수 있다고 본다.

교회가 지역사회 내에서 복지사업을 전개하기 위해서 선결해야 할 과제는 어떻게 교회가 지역사회에서 거부감 없이 함께하는 공동체로서 참여할 수 있겠는가에 있다고 할 수 있다. 이것은 교회와 지역주민의 상호이해와 협조가 없이는 올바른 복지사업을 실시할 수가 없기 때문이다. 그러므로 지역사회 속에서 삶과 현실, 현장이 되는 실천의 과정을 거치지 않으면 안 된다. 이를 위해 교회가 취할 수 있는 방법은 지역사회홍보 참여, 지역사회조직 참여, 지역사회개발 참여라 할 수 있다. 이것은 주민들을 교회로 초청하는 방법, 교회가 찾아가는 방법, 교회와 지역사회가 함께하는 세 가지 방법을 말하는 것이다.

교회에서 실시하는 사회사업 프로그램은 교회의 인적, 물적, 재정적 자원과 특성에 대한 사전조사가 선행되어야 하며, 지역사회의 문제와 욕구에 대한 실태조사를 거친 후에 설계되고 개발되어야 할 것이다.

한국사회복지 발달에 교회가 기여한 비중을 역사적으로 살펴볼 때 무시할 수 없다는 것은 널리 알려진 사실이다. 그리고 현재 한국교회에서 실시하고 있는 사회봉사 프로그램들을 비교해 볼 때 정부에서 시행하고 있는 사회복지 프로그램과 그 형태 면에서 거의 다를 바가 없다. 국가가 실시하는 복지사업은 특히 개인의 개별성을 고려하지 않고 자격요건(eligibility)이나 자산조사(means test) 등의 방법으로 수혜자의 존엄성에 손상을 입힐 수 있지만 교회는 이런 문제들에 대해 훌륭한 대안이 될 수 있다. 교회의 풍부한 자원과 신도들의 헌신적인 자세, 그리고 사회사업의 전문적 기술이 결합된다면 양과 질에 있어서 훌륭한 사회봉사를 실시할 수 있다. 즉 사회사업의 전문적 기술이 수행하는 모든 업무를 그대로 수행하되 그 주체가 교회일 따름이다. 다시 말하면, 교회 사회사업이란 하나님에 대한 사랑을 이웃에 대한 사랑으로 전환시키는 공학이라 할 수도 있고, 신학과 생활을 연결시키는 구조화 작업이라 할 수도 있다.

또한, 교회 사회사업은 교회 내외서 목회자 외 교인 간에, 교인 상호 간에 그리고 교회와 사회 간에 이루어지며 전문사회사업가의 개입이나 지도를 받아 전개된다. 교회 사회사업은 기독교 단체, 즉 교회나 교회의 부속기관이 행하는 사회사업활동이지만, 보다 엄밀하게는 기독교 단체에 채용된 사회사업가의 전문적 활동이라는 의미라고 볼 수 있다.

54

사회복지형 리더

경영학회와 교육학회에서 전통적 리더십 모델들에 대한 대안 중의 하나로 제시되는 서번트 리더십은 Greenleaf에 의해 처음 제시된 개념으로 타인을 위한 봉사에 초점을 두며, 조직 구성원, 고객 및 지역공동체를 우선으로 여기고 그들의 욕구를 만족시키기 위해 헌신하는 리더십이라고 정의하였다. 즉, 서번트 리더십은 조직 구성원을 존중하고 조직 구성원들에게 창의성을 발휘할 기회를 제공함으로써 성장을 돕고, 부서 혹은 팀이 진정한 공동체를 이루도록 이끌어 가는 리더십이다.

서번트 리더십에 대한 여러 학자들의 견해는 자연의 법칙이며, 우리의 사회가치 시스템을 만들어 가는 리더십이라고 정의하였고, 모든 사람의 존엄성과 가치에 대한 믿음, 리더의 권력은 조직 구성원으로부터 기인한다는 민주적인 원칙에 입각한 리더십이라고 표현하면서, 서번트 리더십에 의해 모든 조직 구성원들이 부서나 팀의 일에 자발적으로 참여함으로써 학습이 촉진된다고 주장하였다. 그리고 서번트 리더십을 처음에는 조직의 기관원을 도와주기 위한 것이었으나 점차 개인단체들에게 서비스를 확장시키는 방법이라고 정의하였다. 또한 실천철학이며, 공식적인 지위를 가지고 있든지 아니든지 간에 협력, 믿음, 예지, 경청, 권력과 역량 강화의 도덕적 사용을 장려하는 것이 특징이라고 주장하고 있으며, 서번트 리더십은 인간개발의 새로운 시대에 알맞은 진정한 희망과 방향을 제시하는 것이라고 하였다.

서번트 리더십은 조직 구성원을 인간으로서 존엄성과 가치를 존중하는 것이라고 정의하면서 그들의 창조적 역량을 일깨워 주는 것이 서번트 리더십이라고 정의하였다. 서번트 리더십은 섬세하며, 경청하는 리더, 조직 구성원들과 동료들의 발전을 장려하고 권한을 위임하는 리더로 정의하기도 했다. 그리고 조직 구성원을 이해하려고 노력하는 사람, 조직 구성원을 격려하고 보살피며 편안한 분위기를 만들려고 노력하는 사람, 조직 구성원을 존중하는 사람, 도덕성을 갖추고 신뢰할 만한 사람, 권한을 위임하고 학습을 장려하는 사람, 상하관계와 공동체를 형성하는 사람, 조직 구성원의 가능성을 신뢰하는 사람 등이 서번트 리더라고 하였다.

서번트 리더십은 인간존중을 바탕으로 조직 구성원들이 업무를 수행하는 데 있어 자신의 잠재력을 최대한 발휘할 수 있도록 도와주는 리더십이라고 정의할 수 있다. 그리고 조직 구성원들이 공동의 목표를 이루어 나가는 데 있어 정신적·육체적으로 상호협력과 원조환경을 조성해 주고 도와주는 리더십이라고 할 수 있다. 서번트 리더십은 명령과 획일적인 지휘체계보다는 사랑과 헌신으로 모든 조직 구성원이 서번트 정신으로 하나가 될 때 조직의 경쟁력이 배가 될 수 있다고 보고 있다. 그래서 서번트 리더십에서는 팀워크, 지역공동체, 의사결정에의 참여, 윤리적 행태 등을 강조한다.

서번트 리더십의 구성요소는 경청, 공감, 치유, 설득, 인지, 통찰, 비전의 제시, 청지기 의식, 구성원의 성장, 공동체 형성으로 볼 수 있으며, 솔직한 대화, 상대의 입장을 이해, 공유비전의 촉진, 타인의 필요를 위해 노력, 성장, 공동체 형성과 협력을 서번트 리더십의 구성요소로 보았다. 또한 서번트 리더십의 구성요소를 질문과 이해, 이해와 존중, 격려와 보살핌 그리고 편안함, 도덕성, 권한위임과 학습조장, 관계와 공동체의 형성, 신뢰라고 제시하였고, 서번트 리더십의 차원으로 사람에 대한 존중, 성장, 도덕성, 공동체의 형성, 리더십 발휘, 리더십 공유로 정의할 수 있다.

Levering은 서번트 리더십의 구성요소를 진실성, 존중성, 공정성의 세 가지 영역으로 보았는데 첫째, 진실성(credibility)으로서 사회복지사들이 지각하는 기관장과의 커뮤니케이션 역량, 업무추진능력, 비전추구능력, 성실성 및 정도를 추구하는 수준으로 보았다. 둘째, 존중성(respect)으로서 사회복지사들이 지각하는 기관장과 직원 평가라고 볼 수 있다. 이것은 기관장이 직원들에게 존중을 받고 있다고 지각하는가를 나타내는 것으로 인격적인 대우뿐만 아니라 전문가로서 성장하기 위한 지원 및 협조를 받고 있다고 지각하는 수준이라고 볼 수 있다. 셋째, 공정성(fairness)으로서 기관장과 기관 정책에 관한 것으로 평가, 보상 및 승진에 대한 공정성과 학력, 학연, 지연 및 성별에 따른 편애가 없다고 직원들이 지각하는 수준이라고 정의할 수 있다. 미래의 리더가 되기 위해서는 진실성과 존중성과 공정성의 리더로서 자기 자신보다는 공동체를 생각하고 섬기는 리더가 되어야 한다고 본다. 이러한 나눔과 섬김의 리더인 사회복지형 리더가 많아질 때 이 사회가 아름다운 사회가 되리라 기대한다.

55

민간 차원 복지 참여 필요성

오늘날 선진 산업 국가들은 모두가 자신의 공적 노인지원체계의 생존 가능성을 위협하는 문제, 즉 노령인구의 증대라는 문제에 봉착해 있고 이 문제는 점점 더 심각해져 가고 있다. 2020년에는 고령 사회가 될 것이라고 매스컴은 계속 보도하고 있다.

더구나 노동시장 침체와 사회보장제도의 재정위기를 겪고 있는 한국의 현실은 노인복지재원을 정부재정, 기부금, 수혜자 부담금 등으로 조달하고 있다. 노인인구의 상대적, 절대적 증가와 산업화의 과정에서 경제, 사회적 자원의 미약으로 인한 노인문제는 그 심각성을 날로 더해 가고 있다.

예전에는 노인들이 가족이라는 테두리 안에서 정성어린 보호와 존경을 받으며 생활해 왔지만 이제 가족뿐 아니라 국가와 사회로부터 적절한 보호와 지원이 필요하게 되었다. 경제적·신체적 측면 외에 이제는 정신적·사회적 서비스로까지 노인복지욕구가 확대되어 매우 다양하게 나타나고 있다.

이렇게 복잡하고 분화된 사회조직, 다양한 서비스욕구, 정부재정의 압박, 시민의 자발성과 참여욕구의 증대 등과 같은 문제를 안고 있는 현시대에는 정부가 단독으로 사회문제 해결을 위한 복지서비스 제공은 불가능하다. 이를 포용할 수 있는 신축적인 제도로서 비정부조직(Non Governmental Organization)의 참여가 요구된다.

특히, 한국노인욕구의 20%에도 미치지 못하는 정부기관의 노인복지 수혜정책이 고령 사회인 2020년이 될 때까지 과연 얼마만큼 증가하게 될 것인가?라는 물음과 함께 민간의 복지 참여에 대한 중요성과 필요성을 더욱 증대시키고 있다.

우리 사회에 비정부조직의 부상은 1980년대 후반에 이르러 빠르게 성장하였다. 그 후 서비스 전달체계에서 국가의 직접적인 서비스 전달보다는 국가의 재정지원을 통한 비영리민간단체에 의한 서비스 전달체계를 구축하려 했다. 정부의 기능 축소로 가족과 기업, 지역사회, 종교 등 민간 부문의 역할 확대가 일어난 데에는 역사적으로 종교적 자선단체나 지역공동체조직에 의해 출현하였다고 볼 수 있다.

우리 사회 노인층은 교육수준이나 경제력에 있어서 현재의 노인인구보다는 월등한 조건을 지니게 될 것이다. 아울러 노인들이 여가운동, 문화활동, 경제활동 및 사회활동 등으로 적극적인 삶을 영위하고자 하는 욕구도 매우 강해지고 다양해질 것이다. 이에 대한 장기적이고 다양한 사회적 개입요구에 부응하기 위해 현재 누적되어 온 국가자원 부족의 한계를 감안하여 한국 종교계의 사회적 역할 강화, 즉 민간 부문으로서 종교의 역할 강화와 사회복지계와의 연계를 통한 다양한 접근방법과 정부와 민간 간의 서비스 공급체계에 대한 논의가 요구되고 있다. 우리나라 전 인구의 반 이상을 차지하고 있는 종교계는 많은 자원과 잠재력을 가지고 있고 다양한 사회복지활동을 전개하고 있다. 특히, 기독교회는 선교 초기부터 사회복지활동의 대부분을 수행하여 왔다. 한국사회의 21세기는 고령화 사회(Aging Society)에서 고령 사회(Aged Society)로 진입하는 시기에 있다. 하지만 우리 사회는 노인인구의 급증에도 불구하고 이들에 대한 사회복지제도가 아직 적절한 수준으로 정비되지 않은 상태이다. 선진국처럼 노인을 위한 사회보장제도가 마련되지 못한 우리나라는 사회복지체계가 취약하고 가족 부양의 기능이 약화되는 상황에서 고령화 사회에서 고령 사회로의 이행은 노인의 삶의 질에 심각한 위기와 도전을 주게 된다.

이런 상황에서 노인 부양의 책임을 단순히 개인과 가족의 몫으로 돌리는 일은 현실적으로 많은 문제점을 초래하기 마련이다. 또한 국가가 노인문제를 사회적 책임으로 돌리고 정책적으로 노인복지문제를 해결하는 것도 한계점이 드러난다. 정부 위주의 공적 서비스 기능을 보다 효율적으로 수행하는 대안 모형이자, 세계화 프로젝트를 위한 중심 세력인 비정부조직도 사회에 대한 책임성이 강조되고 있다.

56

아름다운 손

연말이 되면 누구나 한 번쯤은 소외된 이웃을 생각하고 그들에게 한 걸음 다가서려는 노력들이 주위에서 일어나곤 한다. 사람들이 많이 움직이는 거리에서는 구세군의 딸랑거리는 소리를 따라 주머니를 열어 훈훈한 정을 나누기도 하고, ARS 방식으로 하는 많은 모금회에 버튼을 누르기도 한다. 시간이나 건강이 허락하는 사람들은 자신들의 생활에 쫓겨 1년 내 미뤄 왔던 봉사를 연말을 보내는 아쉬움과 함께 연중행사로 자원봉사를 실천하려는 사람들도 있다. 연일 보도되고 있는 지진과 해일로 인해 하루아침에 모든 것을 잃어버린 남아시아에 그 고통에 함께 동참하고 나누려는 수많은 자원봉사자들……, 이 모든 사람들의 손은 그 무엇과도 바꿀 수 없는 아름다운 손임에 틀림이 없다.

이런 일들을 하는 사람이 따로 있는 것은 아니다. 누구나 마음만 먹으면 할 수 있는 것이 이 자원봉사이며, 작은 것을 동참한다는 의미를 부여한다면 해 볼 만한 소중한 일이다. 흔히 자원봉사의 기본 정신은 기본적으로 인간이 가진 능력과 자원을 창조적으로 활용하여 사랑의 공동체를 만들어 나가자는 데 있다. 우리의 도움을 필요로 하는 곳에 도움의 손(helping hands)을 내밀어 도움을 필요로 하는 기쁨의 손(glad hands)을 잡는 것이다.

따뜻한 손길과 부지런한 발걸음을 기다리는 곳도 많고 기대하는 사람들도 무수하다. 시간을 내고 손발과 두뇌를 빌려줄 수 있는 사람이면 누구나 자원봉사자가 될 수 있다.

비정부기구와 자원봉사의 상황을 보면 NGO의 등장 배경은 매우 의미 있다고 본다. 20세기는 국가의 통제하에 국민의 안녕과 복지를 이루었지만 다양한 사회변혁과 정보망 구축, 세계화된 사회에서 살고 있는 지금의 현실과 21세기의 새로운 사회에서는 국가가 통제하지 못하는 여러 가지 변수가 생기게 된다. 오늘날 국제 사회는 이데올로기의 갈등으로 재현되던 동서냉전의 시대가 종식되고 함께 사는 세계에 대한 공감대가 확산됨에 따라 국가라는 행위자뿐 아니라 유엔 등의 국제기구들의 활동이 급격하게 증대되고 있다. 지역과 국가를 초월한 국제 NGO는 국가 간 기구에 비해 보다 효율적이고, 중립적·독립적인 사태 대처능력을 가지고 있기 때문에 국제 사회에서 NGO의 역할과 위상은 더욱 중요하다.

현대 사회에서 자원봉사는 여러 가지 의미에서 과거에 비해 그 중요성이 증대되고 있다. 현대 사회가 산업화, 도시화됨에 따라 사회 구성원이 고립되고 인간관계가 단절되며 사회의 정상적 유지를 저해하는 여러 가지 사회문제가 증가할 뿐만 아니라 새로운 문제들이 급속하게 등장하고 있다. 이러한 사회문제들에 대한 적절한 대응을 정부와 같은 전통적인 사회조직만이 담당하기에는 한계가 있을 수밖에 없으므로 모든 시민들의 자발적이고 적극적인 참여와 많은 비정부조직체의 활동의 필요성이 대두되는 것이다.

자원봉사는 과거에는 인간애를 기본으로 한 무조건 주는 태도 또는 베푸는 행동으로서의 의의가 컸었지만 현대에 이르러서는 자선 또는 구호 중심의 전통적 자원봉사 대신 산업화로 인한 각종 사회문제를 해결하기 위한 적극적 의미의 자원봉사의 필요성이 강조되고 있다. 즉, 사회공동체의 약화 방지를 위해서나 시민교육, 복지교육의 증진과 사회 참여의 확대, 사회변동에 따른 새로운 욕구의 발생에 대처하기 위해서도 기존의 사회적, 제도적 장치로서는 어려움이 많으므로 새로운 조직과 집단이 대체해야 하는 필요성이 대두되는데 자원봉사는 이러한 사회복지제도의 불완전성을 보완, 강화하는 중요한 역할을 수행한다고 볼 수 있다. 또한 여가의 선용과 자아실현에 기여함으로써 생의 보람과 희망을 갖게 되는 의미 있는 일이기도 하다. 더욱이 현대 사회의 각종 문제는 개인의 책임보다는 사회적·환경적 요소에 영향을 많이 받으며, 그 해결도 집단적·사회적인 노력을 통해서만 가능한 것이 대부분이다. 이러한 여건에서 자원봉사는 기존의 조직을 새롭게 하고 효과적으로 문제를 해결하거나 예방할 수 있는 토대를 형성할 수 있다.

한 사람 한 사람이 참여한 작은 정성과 헌신적인 자원봉사활동의 작은 힘들이 모여 큰 효과를 얻을 수 있다는 것이다. 자원봉사는 사랑의 실천이며 사랑을 실천하는 사람의 손은 세상에서 가장 아름다운 손이 되어 남아시아의 지진과 해일의 피해도 신념을 가진 자원봉사자들의 아름다운 손들의 힘을 모아 변화시킬 수 있는 원동력이 되기를 기대한다.

서울신학대학교 사회복지학과 졸업
서울신학대학교 대학원 신학석사학위(Master of Divinity)
중앙대학교 대학원 사회복지학과 석사
숭실대학교대학원 사회복지학과 박사
인천대학교대학원 경영학과 박사과정 수료

－그리스도대학교, 서울신학대학교, 성결대학교, 수원여자대학,
 숭실대학교, 한영신학대학교, 장로회신학대학원, 수원대대학
 원, 인천대대학원 등에서 강의
－부천종합사회복지관
 연수구노인복지관 관장
 인천광역시 노인종합사회복지관협회장 역임

김 성 철

현재) 평화사회복지연구소 대표
 인천광역시 사회복지정책 부위원장
 경영혁신원 책임연구원
 성산효대학원 사회복지학과 주임교수
 성산종합사회복지관장

논문과 저서

『A study about church social work through special mission』
『NGO & Diakonia of Church』
『A study altruism of R. M. Titmuss, Diakonia』
『지역사회조직을 통한 교회사회봉사에 관한 연구』
『복지자원체계의 통합 Network의 이론과 고찰』
『고령사회 Network의 NPO와 NGO의 자원체계』
『이타주의가 사회복지 사상에 끼치는 영향에 관한 연구』
『교회와 사회교육에 대한 새로운 이해』
『IMF 경제위기와 교회의 역할과 책임』
『희년과 토지에 관한 소고』
『NGO 입장에서 본 교회의 사회참여에 관한 연구』
『교회사회복지실천론에 관한 연구』
『나눔과 섬김의 복지』
『교회사회사업』
『사회복지의 역사』
『사회복지 역사의 의미』
『나눔과 섬김의 교회』
『만남의 의미』
『미래사회와 인간』
『시민사회와 종교사회복지』
『교회사회복지실천론』
『NGO와 리더십』
 외 다수

희망의 복지

- 초판 인쇄　2007년 10월 30일
- 초판 발행　2007년 10월 30일

- 지 은 이　김성철
- 펴 낸 이　채종준
- 펴 낸 곳　한국학술정보㈜
　　　　　　경기도 파주시 교하읍 문발리 513-5
　　　　　　파주출판문화정보산업단지
　　　　　　전화　031) 908-3181(대표)·팩스　031) 908-3189
　　　　　　홈페이지　http://www.kstudy.com
　　　　　　e-mail(출판사업팀사업부)　publish@kstudy.com
- 등　　록　제일산-115호(2000. 6. 19)
- 가　　격　12,000원

ISBN　　978-89-534-7511-3　93330 (Paper Book)
　　　　　978-89-534-7512-0　98330 (e-Book)